100% 응답 받으세요!

김양래

100프로 응답받는 기도

100프로 응답받는 기도

지은이 | 김양재
초판 발행 | 2017. 2. 21
20쇄 발행 | 2023. 3. 28
등록번호 | 제1988-000080호
등록된 곳 | 서울특별시 용산구 서빙고로65길 38
발행처 | 사단법인 두란노서원
영업부 | 2078-3352   FAX | 080-749-3705
출판부 | 2078-3331

책 값은 뒤표지에 있습니다.
ISBN 978-89-531-2768-5 03230

독자의 의견을 기다립니다.
tpress@duranno.com   www.duranno.com

※ 일러두기: 이 책은 '기도' 주제의 특성상 저자의 다른 저서에서 일부 발췌 사용했음을 밝힙니다.

두란노서원은 바울 사도가 3차 전도여행 때 에베소에서 성령 받은 제자들을 따로 세워 하나님의 말씀으로
양육하던 장소입니다. 사도행전 19장 8-20절의 정신에 따라 첫째 목회자를 돕는 사역과 평신도를 훈련시키
는 사역, 둘째 세계선교(TIM)와 문서선교(단행본·잡지) 사역, 셋째 예수문화 및 경배와 찬양 사역, 그리고
가정·상담 사역 등을 감당하고 있습니다. 1980년 12월 22일에 창립된 두란노서원은 주님 오실 때까지 이
사역들을 계속할 것입니다.

100프로 응답받는 기도

김양재 지음

두란노

contents

하나님과 소통하는,
100프로 응답받는 인생이 되십시오

저는 지금까지 목회를 하면서 이렇다 할 특별한 프로그램 없이 말씀 묵상과 가정 중수의 사명을 이루기 위해 달려왔습니다. 그러나 이 사명을 감당하는 데 가장 큰 힘이 된 것은 바로 기도입니다. 말씀과 기도가 함께 갈 때, 성령의 능력이 힘 있게 나타나기 때문입니다. 말씀을 묵상하고 하나님의 말씀에 귀 기울이며 기도했을 때, 수많은 사람이 살아나고, 불가능해 보이던 기도 제목들이 곳곳에서 응답되는 역사가 일어났습니다.

우리들교회를 개척하고 강단에서 말씀을 전한 지도 어느덧 14년이 되었습니다. 그동안 설교하면서 기도에 대해 나눴던 말씀들과 우리들교회 중보기도학교 교재 내용을 토대로 이 책을 엮어 보았습니다.

　그런데 이 책을 쓰기 시작할 무렵 가슴에 암이 발견되었습니다. 치료를 온전히 끝낸 후 책을 써도 되지 않겠느냐는 주위의 권고도 없지 않았지만, '왜 이런 고난의 때에, 환자의 때에 하나님은 하필이면 기도와 관련한 책을 쓰게 하셨을까' 묵상하지 않을 수 없었습니다. 그리고 그런 과정에서 평생 드려 온 저의 기도가 과연 주님이 가르치신 대로였는지, 하나님이 기쁘게 받으시는 기도였는지를 돌아보게 되었습니다. 이 책을 쓰게 하신 하나님의 뜻이 여기에 있는 것인지도 모르겠습니다.

　지금 여러분은 하나님께 무엇을 구하고 있습니까? 어떤 간구를 하고 있습니까?

기도란 무조건 나의 원함을 채워 달라고 하나님께 아뢰는 것이 아닙니다. 하나님이 먼저 내게 말씀하시면 그 말씀에 답하는 것이 기도입니다. 제대로 된 기도를 하려면 하나님의 뜻과 생각이 무엇인지 알아야 합니다. 그래야 하나님이 원하시는 기도를 할 수 있습니다. 내 간구대로 상황이 나아지거나 무언가 이루어지지 않아도 하나님의 뜻을 깨닫게 된다면 그것이 곧 기도 응답입니다. 그러므로 저도 '암 사건'을 통해서 100프로 응답받는 기도의 위력을 경험하고 있습니다.

이 한 권의 책을 통해 지금 내가 드리고 있는 기도의 실체를 점검해 볼 수 있기를 바랍니다. 무엇보다 기도에 대한 고정관념을 깨뜨리시기 바랍니다. '기복'을 넘어선 '팔복'의 기도를 배우시기 바랍니다. 아울러 이 책을 중보기도 교재로 사용해 보시기 바랍니다. 구속사의 진수를 맛볼 수 있을 것입니다.

지금껏 누군가의 기도 덕에 살아왔다면 이제부터라도 영혼 구원과 하나님나라의 영광을 위한 기도의 일꾼으로 거듭나시기 바랍니다. 침묵으로라도 응답하시는 하나님을 기대하며 기도의 끈을 놓지 않고, 날마다 때마다 하나님과 소통하는 인생, 100프로 기도 응답받는 인생이 되기를 축복합니다.

2017년 2월
우리들교회 담임목사 김양재

01

"하나님 아버지!"

예수님이
가르쳐 주신 기도

"너희는 이렇게 기도하라"

사사건건 간섭하며 구박하는 시아버지였지만 아무쪼록 잘 섬겨서 전도하겠다고 오랫동안 기도해 온 집사님이 계셨다. 그런데 어느 날 집사님에게 홀연히 자궁내막암에 걸리는 사건이 찾아왔다. 그 집사님은 너무 원통하고 분해서 "나를 힘들게 하는 시아버님은 저리 건강하신데 왜 하필 저인가요? 너무 가혹하신 거 아닌가요?" 하며 하나님께 원망의 마음을 쏟아냈다. 그리고 그날 큐티를 하는데, "그날에 죄와 더러움을 씻는 샘이… 열리리라… 불 가운데에 던져 은같이 연단하며 금같이 시험할 것이라 그들이 내 이름을 부르리니 내가 들을 것이며 나는 말하기를 이는 내 백성이라 할 것이요 그들은 말하기를 여호와는 내 하나님이시라 하리라"(슥 13:1, 9)는 말씀이 눈에 들어왔다.

암에 걸려 통곡하고 있는데, '죄와 더러움을 씻는 샘이 열리는 사건이다', '다 너를 단련하기 위한 일이다' 하시니 도저히 그 말씀을 받아들이기가 힘들었다.

당신이 만약 지금 이 집사님과 같은 상황에 처했다면 하나님께 어떻게 기도하겠는가? 예수님은 과연 이 집사님이 어떻게 기도하길 원하실까?

예수님은 공생애 사역 초기에 갈릴리의 작은 산 위로 올라가 제자들과 군중들에게 산상설교를 하시며, 하나님을 믿는 사람들이 추구해야 할 '팔복'과 사회적 역할, 윤리와 규범 등을 가르치셨다. 당시 유대인들이 지키고 따르던 율법적인 전통이나 관습들과는 매우 대조되는 가르침이었다.

예수님은 이 자리에서 주기도문도 함께 가르치셨다. '기도' 하면 누구한테 지지 않을 유대인들에게 예수님은 왜 새삼 "너희는 이렇게 기도하라"면서 주기도문을 가르치셨을까? 그 이유가 마태복음 6장 5-7절에 언급되어 있다.

"너희는 기도할 때에 외식하는 자와 같이 하지 말라 그들은 사람에게 보이려고 회당과 큰 거리 어귀에 서서 기도하기를 좋아하느니라… 골방에 들어가 문을 닫고 은밀한 중에 계신 네 아버지께 기도하라… 이방인과 같이 중언부언하지 말라."

아마도 당시 유대인들은 기도문을 그저 달달 외우기만 했거나, 남들에게 보이기 위해 형식적으로 기도했거나, 내가 원하는 것을 얻으려고 정욕적인 기도를 했던 모양이다. 그러니 주기도문을 가르치시기에 앞서 당시 사람들의 잘못된 기도 행태에 대해 일일이 지적하셨던 것 같다.

지금의 우리는 어떤가? 각자 개인적인 기도 시간은 물론 새벽기도회, 특별기도회, 중보기도회 등 각종 기도 모임을 통해 수도 없이 기도하지만 그 당시 유대인들과 별반 다를 바 없는 기도를 하고 있지는 않은가? 시어머니 병간호하기 싫고, 남편 밥 차려 주기는 귀찮아하면서도 기도 모임에 열심히 다니면서 "그래도 내가 시어머니와 남편을 위해서 기도했다"고 생색을 내지는 않는가? '지성이면 감천이라고, 내가 이 정도로 간절히 기도하면 하나님이 들어주시겠지' 하며 내 수고와 정성이 응답을 가져오는 줄로 알고 한을 푸는 기도를 하지는 않는가?

앞서 말한 집사님이 시아버지의 구원을 위해 오랫동안 기도해 왔다지만 주님이 보시기엔 이 집사님의 기도 역시 외식적인 기도에 불과했을지도 모른다.

이 집사님은 큐티 덕분에 그 사실을 깨달을 수 있었다. 말씀을 묵상하다 보니 자신의 죄와 더러움이 깨달아졌다.

"시아버님을 위해 기도한다고 그럴싸하게 기도 제목은 올려 놓았지만 내심 제 마음속에는 일일이 간섭하는 시아버님이 하루라도 빨리 돌아가셨으면 하는 바람이 있었습니다. 저는 진정한 사랑도 없이 시아버님의 구원을 위해 외식으로 기도한 죄인입니다."

집사님은 자신의 암 사건을 통해 자신의 기도가 얼마나 외식하는 기도였는지, 겉만 번지르르한 기도였는지를 깨닫게 되었고, 이후로 진정한 마음으로 시아버지를 섬기고 기도하게 되었다. 그랬더니 30여 년 동안 완고하기만 하던 시아버지가 전도 집회에 참석하셨고, 교회에 등록도 하고, 1년 후에는 세례까지 받으셨다. 은혜는 이게 끝이 아니었다. 집사님의 암 수술부터 회복 과정까지 함께하신 하나님께서는 더 이상 항암 치료를 받을 필요도 없이 암을 깨끗이 치유해 주셨다.

기도는 무엇보다 그 대상을 올바르게 인식하는 것에서부터 시작되어야 한다. 그런데 많은 사람들이 내 기도의 대상이 누구인지, 하나님이 어떤 분이신지, 얼마나 나를 사랑하시는지조차 제대로 알지 못한 채 기도한다. 그러니 기도 응답에 대한 확신이 없어서 자꾸 똑같은 말을 길게 늘어놓게 된다. 또 하나님이 나를 몰라주신다고 생각해서 눈물을 흘리고 악을 쓰고 애원을 한다. 그러나 하나님께서는 결코 그런 기도를 듣지 않으신다. 눈물을 흘리든 안 흘리든, 소리를 지르든 안 지르든 하나님은 내 속의 진실을 보실 뿐이다.

예수님께서 우리에게 주기도문을 가르치신 이유가 여기에 있다. 기도에 열심을 내지만 주기도문에 담긴 정신과 뜻을 모르면 외식적인 기도, 중언부언하는 기도를 할 수밖에 없다. 기도를 그저 '복을 구하는 주문'으로 알고 기복적인 기도를 하는 것이다.

주기도문 속에는 우리가 기도해야 할 대상이 누구인지, 기도해야 할 이유와 목적이 무엇인지 제시되어 있다. "그러므로 그들을 본받지 말라"(마 6:8), "그러므로 너희는 이렇게 기도하라"(마 6:9)며 가르쳐 주신 주기도문을 통해 예수님이 우리에게 가르치고자 하신 것이 무엇인지, 어떤 정신과 뜻이 담겨 있는지 살펴보자.

하늘에 계신 우리 아버지께 기도하라

주기도문의 첫 문장은 "그러므로 너희는 이렇게 기도하라 하늘에 계신 우리 아버지여"(마 6:9)로 시작한다.

첫 문장부터 우리의 기도 대상이 '하늘에 계신 우리 아버지'임을 분명히 명시하고 있다. 기도는 아무에게나 하는 것이 아니며, 아무나 할 수 있는 것도 아니다. 하나님을 아버지로 고백할 수 있는 하나님의 자녀만이 하나님께 기도할 수 있다.

우리는 아무나 '아버지'라고 부르지 않는다. 나를 낳은 육신의 아버지는 단 한 분뿐이다. 그 육신의 아버지가 아니면, 의붓아버지를 아버지라 부르는 것도 좀체 쉽지 않다. 아버지를 일찍 여의었거나 육신의 아버지와 관계가 나빴던 사람은 예수님을 믿은 뒤에도 '아버지'라는 단어를 쓰기 어려워한다. 아버지의 존재에 대한 인식이 부족하기 때문이다. 그러나 주님은 '기도하려면 먼저 하나님을 아버지라 부르라'고 하신다.

고아가 불쌍한 것은 마음 놓고 부를 엄마, 아빠가 없기 때문이다. 5천 원짜리 티셔츠를 하나 입고 싶어도 "나 저거 사 줘"라고 부탁할 그 아버지가 없어서 불쌍한 것이다.

나도 친정어머니가 대학 때 돌아가셔서 어려운 시집살이를 한탄할 친정어머니가 없는 것이 참 슬펐다. 그런데 내 아들딸은 내가 아무리 바빠도 집에 가면 "엄마, 밥 주세요", "엄마, 가을 옷이 없는데 옷 한 벌만 사 주세요" 하고 당연하게 말했다. 그만큼 믿고 의지하기 때문이다. 마음 놓고 할 말을 할 수 있는 부모 자식 관계이기 때문이다.

자녀는 부모에게 "이렇게 해 주세요, 저렇게 해 주세요" 하고 부탁할 권리가 있다. 마음에 있는 모든 것을 말할 수 있는 것은 자녀의 권리다. 부모는 그것을 능력껏 들어줄 의무가 있다. 우리는 그 자녀의 권리로 '아버지'께 기도해야 한다.

주님은 사복음서에서 170회나 하나님을 아버지라고 부르셨다. 부르고 싶을 때 원 없이 불러도 "듣기 싫다" 하지 않으시고, 우리의 기도에 귀 기울이시는 분, 이 하나님 아버지가 바로 우리의 기도 대상인 것이다. '하늘에 계신' 아버지는 전지전능하시다. 시공을 초월하여 우리를 지켜보고 계신다. 우리를 회복시킬 수 있고, 치유할 수 있는 분이시다. 그 하나님 아버지의 존재를 믿고 기도해야 한다.

그런데 여기서 한 가지 반드시 인지해야 할 것이 있다. 그 아버지가 '나의 아버지'가 아니고 '우리 아버지'라는 것이다. 김양재만의 아버지가 아니고, 박양재, 이양재, 최양재, 양순이, 양돌이의 아버지라는 것이다.

가정에서도 온 식구가 아버지를 신뢰하고 하나가 되면 집안

분위기가 좋다. 한 아버지를 가진 자녀들이 대를 이어 가며 모이면 크고 강한 공동체가 될 수 있다. 그러나 서로 간에 신앙고백이 다르고, 영육 간에 아버지가 다르면 화목해질 수가 없다. 친형제들이 명절에 같이 모여도 예수 그리스도를 같은 주로 고백하지 못하면 소통이 잘 안 된다. 영적이든 육적이든 한 '아버지'를 함께 부르는 사람들이 '우리'가 될 수 있다. 하나님을 창조주로 믿고 신뢰하며, '우리 아버지'라고 고백하는 사람들끼리 모여야 진정한 우리가 될 수 있다.

육신의 아버지가 계신 것도 축복이지만, 우리 모두가 함께 아버지라고 부를 수 있는 하나님 아버지가 우리 가운데 역사하시면 이처럼 혈통을 넘어서게 된다. 혈통과 성품을 넘어서는 믿음으로 우리가 하나 되어 '우리 아버지'께 기도하면 큰 응답을 얻게 될 것이다. 그래서 혼자 애쓰기보다 '우리'가 되어서 함께 기도하라는 것이다.

한편, 주기도문에 앞서 "이렇게 기도하라"라는 명령문의 시제는 현재형이다. 바로 지금 기도하라는 것이다. 지금 이 순간뿐만 아니라, 날이면 날마다 하늘에 계신 우리 아버지의 이름을 부르라는 것이다. 생각만 해도 좋은 우리 모두의 아버지를 날마다 부르는 것이 기도다.

하나님나라를 위해 기도하라

마태복음 6장 9절의 "이름이 거룩히 여김을 받으시오며"란 '당신의 이름이 거룩히 되기를'이라는 뜻이다. 하나님의 이름에는 중요한 신학적 의미가 있다. 하나님은 모세에게 "나는 스스로 있는 자"라고 말씀하시고, "(하나님이) 나의 영원한 이름이요 대대로 기억할 나의 칭호"라고 하셨다(출 3:14-15). 그 이름 속에 하나님의 명예와 공적이 걸려 있다. 영원히 계시는 분, 나와 영원히 함께 계시는 분은 하나님밖에 없기에 그 이름을 거룩히 여기라는 것이다.

너무 존경하는 사람은 이름도 함부로 못 부르는 법이다. 이스라엘 사람들은 하나님의 이름에 음역을 달지 않았다. 함부로 부르지 않기 위함이다. 그래서 하나님의 이름이 '여호와'(Jehovah)인지 '야훼'(Yahweh)인지 '아도나이'(Adonai)인지 정확하지가 않다.

이처럼 아버지를 높이고 사랑하면 나의 거룩도 저절로 이룰 수 있다. 하나님을 존경하고 사랑하기에 그 뜻대로 사는 것, 그것이 바로 거룩이다. 그러므로 입으로만 "주여"라고 부르지 말고 삶에서 하나님을 높이게 해 달라고 기도해야 한다. 나를 다스리시는 영원한 하나님의 이름이 거룩히 여김을 받도록 기도해야 한다.

우리의 고통은 언젠가는 다 지나가므로 그 고통을 부여잡고 묵상하면 안 된다. 우리는 환경이 아닌 하나님 자체를 인식하고 기뻐해야 한다. 그러므로 내 고통으로 인한 나의 필요보다, 나를 다스리시는 영원한 하나님의 이름을 위해 기도해야 한다. 그 이름이 거룩히 여김을 받도록 기도해야 한다. 그래서 우리 인생의 목적이 거룩인 것이다.

10절의 "나라가 임하시오며"는 '당신의 나라가 오게 하소서'라는 뜻이다.

하나님을 아버지라고 부르는 우리도 사탄의 세력에서 완전히 자유롭지 못하다. 예수 그리스도의 십자가로 사탄이 결박되었지만 그래도 완전히 새 하늘과 새 땅이 오기까지 사탄의 통치가 지속되기 때문에 우리는 계속 사탄의 권세에 노출되어 있다. 따라서 우리가 제일 급하게 그리고 간절히 기도해야 할 것은 속히 하나님의 통치, 곧 하나님나라가 임하기를 기도하는 것이다. 이것이 주기도문의 핵심이다. 완성된 하나님나라가 내게 임하도록, 사탄의 나라가 종식되도록 끊임없이 기도해야 한다.

"임하시오며"란 무한하신 하나님이 시공 속으로, 제한된 인간 세상 속으로 오셨다는 뜻이다. 성자 하나님이 이 땅에 오셔서 제한된 관계와 질서에 순종하신 것은 땅에서 하나님의 통치를 이룬 사건이다. 하나님의 통치를 받는 사람은 무슨 일이든 하나님께 영광을 돌린다. 기쁜 일뿐만 아니라 고난과 어려움도 하나님의 다스리심으로 알고 잘 받아들인다. 사건 앞에서 '어떻게 이런 일이! 하나님이 나를 사랑하시지 않는구나' 하는 것은 하나님의 통치를 온전히 못 받아들이기 때문이다. 지금 주신 가난과 외로움과 질병도 하나님의 통치라고 주님은 말씀하신다. 그럼에도 '내가 병만 나으면 하나님께 영광을 돌릴 텐데. 내가 돈만 벌면 하나님을 높일 텐데…' 하는 것은 하나님의 온전한 주권을 인정하지 않는 것이다.

"뜻이 하늘에서 이루어진 것같이 땅에서도 이루어지이다"(마 6:10)는 하나님나라가 확장되기를 간구하는 것이다. 하나님의 뜻은 구원이다. 하늘에서 이미 이루어진 하나님의 뜻이 이루어지도록 기도해야 한다. 주님도 그 하나님의 뜻을 이루기 위해 이 죄악된 땅에 오셨고 십자가에 못 박히는 그 순간에도 그것을 위해 기도하셨다.

아버지의 이름이 거룩하게 여김을 받는 곳, 아버지의 이름이 모든 사람에게 귀히 여김을 받는 곳, 그곳이 하나님의 통치가 임하는 곳이자 하나님의 뜻이 이루어지는 곳이다. 그러므로 우리는 이 땅에 하나님의 뜻이 이루어지도록, 하나님의 통치가 이루어지도록 기도해야 한다. 완성된 하나님나라가 내게 임하도록 끊임없이 기도해야 한다.

　하나님나라가 임하는 것은 천사들을 통해서가 아니라 이 땅에서 살아가는 우리를 통해서 이뤄진다. 내 삶, 내 가정, 내 직장, 내 학업에도 하나님의 통치가 이루어지기를 기도해야 하는 것이다.

　어떤 분이 홈페이지에 기도 제목을 올렸다. 그분에겐 신앙의 뿌리를 깊이 내리기 위한 네 가지 기도 제목이 있었는데 그중 하나가 술 문제였다. 식당을 운영하며 술을 파는 문제가 고민이 되어 전에 다니던 교회에서 여러 분과 상담을 하기도 했는데 그 교회의 장로님, 집사님, 전도사님들이 "술도 음식이니까 팔아도 된다"고 했다는 것이다. 그래서 아무 거리낌 없이 술을 팔았는데 내 책 《복 있는 사람은》을 읽다가 "우리들교회 집사님이 술을 안 팔려고 술집에서 떡볶이 장사로 직업을 바꿨다"는 내용을 읽고는 너무 놀랐다고 했다. 손님들이 술 마시는 것을 봐도 아무 생각이 없었고, 그저 영혼이 좀 불쌍하다고만 생각했는데, 이제 와서 깨닫고 보니 그것 또한 매상을 올리기 위한 자기변명이었다고 회개했다. 그리고 직업을 바꾸든지 장사를 계속하든지 술과 관련된 일을 하지 않겠다고 선포하고 기도 부탁을 했다.

　이것은 모든 일에 하나님의 통치를 받겠다는 고백이다. 나를 높이고 나를 채우기 위해서가 아니라 하나님의 이름이 거룩히 여김을 받으시도록, 내가 구별된 인생을 살겠다는 기도다. 이러한 성도의 고백을 하나님은 반드시 책임지고 응답하실 것이다.

일용할 양식에 만족하는가?

주기도문 한가운데에 "오늘 우리에게 일용할 양식을 주시옵고"(마 6:11)라는 구절이 있다. 과거에 죄지은 자를 사해 줄 것을 구하는 것(마 6:12)보다, 나중에 시험에 들지 않도록 간구하는 것(마 6:13)보다 오늘 먹을 것을 구하는 것이 가장 먼저라는 것이다.

성도도 당연히 이 땅에서 먹고살아야 한다. 그런데 이 양식을 구하는 것이 꼭 육을 위한 것만은 아니다. 루터는 "음식과 건강과 나라와 집과 날씨와 가족, 이 모든 것은 우리의 영적 태연함을 유지해 주는 것이기 때문에 의미가 있다"고 했다. 일용할 양식이 있어야 우리가 힘을 낼 수 있다.

어떤 성도는 자신을 위해서 뭔가를 구하는 것이 하나님께 죄송하다고 한다. 그러나 그것은 자신이 성경보다 더 영적이고자 하는 교만한 태도다. 주님이 일용할 양식을 구하라고 가르치셨건만, 육적인 양식을 구하지 않겠다는 건 내가 하나님보다 더 경건해지겠다는 만용이다.

일용할 양식을 구하는 것은 아무런 문제가 없다. 주님은 우리에게 하루 먹을 '일용'(日用)할 양식을 구하라고 하시는데 우리가 한 달치 월용(月用)할 양식, 일 년치 연용(年用)할 양식을 구하는 게 문제다. 내일은 하나님께 맡기고, 오늘의 것만 구하라고 하시니 늘 걱정이 태산 같고 불안하기 짝이 없다. 오늘 먹을 것이 있고 거할 곳이 있다면 내일은 주님께 맡기고 가야 하는데, 현재에 만족하지 못하고 더 좋은 것과 더 좋은 집을 구하려 드니까 문제가 생기는 것이다.

남편이 1년 사이에 두 번이나 회사에서 잘린 부인 집사님이 계시다. 잘 다니던 회사에서 권고사직을 당한 후 3개월의 실직 생활을 하다가 겨우 두 번째 회사에 취직을 했는데 3개월 만에 또다시 그 회사를 나오게 된 것이다.

"정말 눈앞이 캄캄하고 어이가 없었습니다. 저희 부부가 한 일이라고는 예배를 열심히 드린 죄(?)밖에 없는데, 이런 사건이 일어나니 해석이 되지 않아 괴로웠습니다. 무엇보다 더 괴로운 것은 이 사건으로 믿음이 없는 가족들에게 '교회를 너무 열심히 다니느라 회사에 충실하지 못해 잘린 것이다', '남편의 직장이 불안정한데 예배만 드리러 다니지 말고 너도 일해라' 하는 말을 듣는 것이었습니다. 저희가 잘사는 모습을 보여 드려서 믿지 않는 가족들에게 믿음이 들어가기를 기대했는데, 오히려 조롱을 당하게 되니 마음이 힘들어졌습니다."

그런데 이 사건을 겪고 나서야 집사님은 그동안 세상에서 성공해 반짝반짝 빛나는 삶을 살기 원한 자신의 모습을 보게 되었다. 일용할 양식을 구하지 않고 평생 먹고 살 양식, 주위에 자랑하고 싶을 만큼 풍성한 양식을 쌓아 놓고 살기를 바란 진짜 속마음을 알게 된 것이다. 하나님 앞에서 이 회개의 고백이 터져 나오자, 남편은 비록 1년 계약직이기는 하지만 재취업이 되었다. 그뿐 아니라 이번 사건으로 아들을 안타깝게 바라보던 시부모님이 아들을 위해 기도하겠다며 교회에 나오셨다.

잠언에서 아굴은 "곧 헛된 것과 거짓말을 내게서 멀리 하옵시며 나를 가난하게도 마옵시고 부하게도 마옵시고 오직 필요한 양식으로 나를 먹이시옵소서 혹 내가 배불러서 하나님을 모른다 여호와가 누구냐 할까 하오며 혹 내가 가난하여 도둑질하고 내 하나님의 이름을 욕되게 할까 두려워함이니이다"(잠 30:8-9)라고 고백했다.

그렇다. 우리는 가난하면 무력해지고, 부유하면 나태해진다. 그러니 현재에 만족하고, 내일을 위해 쌓아 놓을 양식이 아니라 오늘 일용할 양식만을 구해야 한다. 그것이 하나님에 대한 신뢰이고, 진정한 믿음이다.

한편, 하나님은 '우리에게' 일용할 양식을 주시도록 기도하라고 하셨다. 나만 먹기 위한 양식이 아니라 우리를 위한 양식을 구하라고 하신다. 요즘은 1인 가구가 늘다 보니 '혼밥'이라는 신조어까지 생겨났지만, 제아무리 진수성찬이라 한들 혼자서 먹는 밥이 얼마나 맛있겠는가. 같은 음식이라도 혼자서 먹는 것보다 옹기종기 모여 앉아 함께 나누어 먹는 것이 더 맛나게 마련이다. 가족들이 한자리에 모여, 목장 식구들이 한자리에 모여 함께 음식을 먹고 나누는 것이 건강한 식탁의 모습이다.

매일 묵상하는 말씀 또한 우리가 구해야 할 일용할 양식이다. 매일 규칙적인 말씀 묵상을 통해 삶의 균형을 잃지 않게 해달라고 기도해야 하는 것이다.

성경 읽기도, 기도도, 공부도 양식을 먹듯 날마다 해야 한다. 정말 살고 싶은 사람들은 양식을 구할 수밖에 없다. 목마른 자가 우물을 파게 마련이다. 영육이 다 마찬가지다. 양식을 먹지 않으면 병이 나고 쓰러지는 것처럼 말씀이 없으면 영이 무너진다. 날마다 일어나는 사건 속에서 버티고 서 있을 수가 없기 때문에, 죄를 지을 수밖에 없기 때문에 우리는 절박한 마음으로 일용할 양식을 구하고 공급받아야 한다.

미국의 한 보고서에 따르면, 교회를 다니는 사람들 중 성경을 읽는 사람이 15프로도 안 된다고 한다. 그 15프로도 일주일에 한 번 정도 읽는 것이 대부분이라고 한다. 그러니 매일 큐티를 하고 성경을 읽는다는 게 얼마나 대단한 일인지 모른다.

나는 목회를 하면서 매일 큐티의 중요성을 실감하고 있다. 우리들교회에 무슨 대단한 프로그램이 있는 것도 아니고, 조직이 탄탄한 것도 아니고, 판교성전을 헌당하기 전까지는 예배당이 번듯한 것도 아니었다. 그래도 전 교인에게 큐티를 하게 하고, 설교할 때도 성경 한 절 한 절을 또박또박 읽어 가며 말씀을 전하면서 어떻게든 성경을 읽게 했다. 그랬더니 하나님이 숫자적으로도 부흥을 보여 주셨고, 무엇보다 건강한 공동체를 만들어 주셨다. 한결같이 고난 많고 상처 많은 힘든 분들이 모였지만, 날마다 성경을 읽고 자기 죄를 보는 훈련을 통해 성도들이 거듭남으로 교회 공동체가 이처럼 성장하게 되었다.

죄를 사해 달라고 기도하라

양식을 구하는 기도 후에는 사죄의 기도가 나온다(마 6:12). 일용할 양식을 함께 구하고 나누다 보면 서로의 죄를 깨닫게 되기 때문이다.

형제가 많은 집에서 자란 사람이라면 이 말을 이해할 수 있을 것이다. 맛있는 반찬이나 간식거리가 생기면 먼저 먹으려고 형제들끼리 정말 '피 터지게' 다툰다. 그렇게 형제들과 먹을 것을 가지고 다투다 보면 결국 자기 죄, 자기 잘못을 깨닫지 않을 수 없다.

나는 딸만 넷 있는 집안의 막내인데, 딸들끼리도 먹을 것을 가지고 다툰 기억들이 생생하다. 한번은 학교 수업을 마치고 집으로 돌아왔는데, 식탁 위에 배가 하나 달랑 있기에 그걸 혼자 먹으려고 언니들 몰래 장롱 속에 숨겨 놓았다. 그러고는 그 사실을 까맣게 잊고 있다가 몇 주 후 방 안 가득 이상한 냄새가 진동해서 보니 장롱 속에서 배가 썩어 문드러져 있었다. 더욱이 이불에도 곰팡이가 피어서 언니들로부터 온갖 핀잔과 꾸중을 들어야 했다. 혼자 몰래 먹으려고 욕심을 부리다 배도 잃고, 이불도 버렸으니 어찌 내 잘못, 내 죄를 변명할 수 있었겠는가.

외동으로 자라면 그런 일은 없을 것이다. 예쁜 옷도 자기 것이고 맛난 음식도 자기 것이니 매사에 욕심 부릴 일이 없다. 그러니 자기 죄를 볼 겨를 또한 없다.

우리 모두는 100프로 죄인이기 때문에 네 잘못, 내 잘못 따지다 보면 결국 서로의 죄를 보게 된다. 혼자 구하고 혼자 먹을 때는 내게 욕심과 치사함이 있는 줄 잘 모르지만, 여럿이 나누다 보면 내가 얼마나 사소한 것에 목숨을 거는지, 나의 욕심과 치사함이 드러나게 된다.

일용할 양식을 먹듯 날마다 하나님이 주시는 말씀을 들어도

예수님이 가르쳐 주신 기도

저절로 죄 사함을 구하게 된다. 말씀을 볼수록 내 죄가 보이기 때문이다. 그래서 "우리 죄를 사하여 주시옵고" 하는 기도가 저절로 나오는 것이다.

'나만의 죄'도 아니고, '너만의 죄'도 아니다. 백지 한 장도 맞들면 낫다고, '우리 죄'를 서로 깨닫고 그것을 나누어 짊어지면 그만큼 죄의 무게가 가벼워지지 않겠는가?

"우리가 우리에게 죄지은 자를 사하여 준 것같이"라고 하면 마치 조건부로 용서를 구하는 것 같지만, 이 말은 그런 뜻이 아니다. 내가 무조건으로 하나님께 용서받은 대로 이제는 남을 용서해야 한다는 의미다. 죄 많은 우리는 무슨 조건이 좋아서 용서를 받았는가. 주님은 우리를 아무런 조건 없이 용서하셨다. 내가 누군가를 용서할 수 있는 것은 하나님이 나를 용서하신다는 확신이 있기 때문이다. 내 감정이 어떠하든지 상대방을 받아들이는 것이 용서다. 나를 해친 사람에게 원수 갚을 권리를 포기하는 것이 용서다.

그러나 용서하라는 것은 죄를 지어도 그냥 넘어가라는 소리가 아니다. 죄에 대한 책임을 면제해 주려고 용서하라는 게 아니다. 행여나 내가 면제해 주고 싶어도 하나님이 면죄를 허용하지 않으신다.

우리가 용서해야 하는 이유는 상대방이 지은 죄에 대한 분노에 내가 매이지 않기 위해서다. 심판받아야 할 죄를 지었다면 마땅히 하나님이 심판하신다. 그러므로 내가 굳이 심판하고 정죄하고 분노하면서 일생을 낭비할 필요가 없다. 용서함으로 오히려 내 자신이 죄에 대해 자유로워지고 성숙해진다. 도저히 용서가 안 되는, 그야말로 철천지원수 같은 사람을 용서하면 진정한 죄 사함의 자유를 누릴 수 있다. 당한 고통이 참기 어렵고, 치가 떨릴 정도로 복수하고 싶어도 용서받을 수 없는 나를 위해 십자가를 지시고 몸소 고통당하신 예수님처럼 원수를 용서해야 한다. 도저히 용서할 수 없는 사람을 위해 십자가를 지는 것만큼 큰 능력은 없다. 내 힘으로는 도저히 할 수 없어도 예수님의 능력에 의지해서 내 자신과 타인을 용서할 수 있는 것이다.

우리 모두는 용서에 빚진 자다. 죽는 날까지 남을 용서한다 해도 우리는 여전히 용서에 빚진 자들이다. 내가 이웃을 용서하지 않으면 하나님도 나를 용서하지 않으신다. 이것은 해도 좋고 안 해도 좋은 것이 아니다. 하나님께 죄 사함의 은혜를 받았다면 반드시 지켜야 할 하나님의 명령이다. 일곱 번씩 일흔 번, 무한대로 용서해야 한다.

죄 가운데 있는 나를 구원해 주신 하나님을 체험하고도 우리는 평생 죄를 지으며 산다. 천국 가는 그날까지 죄지을 일이 있다는 것을 스스로 인정해야 한다. 주기도문 속의 '죄 사함'이란

예수 그리스도와 십자가를 믿고 단번에 일어나는 사죄라기
보다는 믿고 난 후에 범하는 허물에 대한 지속적인 용서를 뜻
한다. 과거에 한 번 죄 사함을 받았다고 '그만 끝'이 아니라 지
속적으로 죄를 고백하고 용서를 구해야 하는 것이다. 이렇듯
내가 용서를 구하거나 용서해야 할 일이 날마다 생기는 것은
하나님이 말씀으로 나를 다듬어 가시는 작업의 표징이다.

날마다 일용할 양식을 먹는 건강한 사람은 날마다 죄 사함
을 구하게 된다. 말씀을 볼수록 내 죄가 보이기 때문이다.

시험과 악에서 구해 달라고 기도하라

일용할 양식을 구하고, 과거에 지은 죄 사함을 구한 다음
에는 장차 있을 시험과 악에서 구해 달라고 기도해야 한다.
우리가 시험을 받는 것은 죄 때문이 아니다. 그러나 스스로
시험에 빠지는 것은 죄 때문이다. 음욕과 중독과 염려와 상
처의 시험에 빠지는 것은 스스로 시험의 사정권에 들어가기
때문이다. 회식과 술자리에 빠지지 않고 가면서 술을 끊게
해달라고 기도한다면 술이 끊어지겠는가? 음란 사이트에 접
속하면서 음욕의 시험에 들지 않게 해달라고 기도하면 그 기
도가 응답받겠는가? 내가 시험에 자주 빠지는 이유는 다 나

때문이다. 악은 모양이라도 버려야 하고 쳐다보지도 말아야 한다. 시험에 빠지는 환경부터 차단해야 한다.

한때 웹사이트를 통해 동창생 찾기가 유행하면서 좋지 않은 현상이 많이 나타났다. 옛 동창이라는 명분으로 남녀가 만났다가 불륜에 빠지는 일이 적지 않았다. 남녀 간에 친구가 어디 있겠는가? 나는 불가능하다고 본다. 우리는 99프로도 아니고 100프로 죄인이다. '친구로 만나는데 뭐가 어때서? 왜 남의 사생활을 간섭하느냐?' 하며 가볍게 생각할 일이 아니다. 제아무리 건강하게 만나고 있어도, 옆에서 배우자가 싫어하고 누군가 지적하면 그때는 딱 그만둬야 한다. 아니 그러기 전에 먼저 결혼한 이성과는 개인적인 만남을 가져서는 안 된다.

술을 끊지 못해도, 음란을 끊지 못해도 우선 공동체에 붙어만 있으면 시험에 빠질 기회가 그만큼 줄어든다. 우리 힘으로는 그 어떤 중독과 죄도 끊을 수 없기에, 시험을 피할 수 있는 환경 속에 적극적으로 들어가야 하는 것이다.

악에서 구해 주시기를 주님께 기도하기 위해서는 먼저 악이 무엇인지를 알아야 한다. 말씀을 묵상하지 않으면 선악의 개념이 모호해진다. 술, 담배, 음란, 거짓말이 악의 전부가 아니다. 하나님이 말씀하시는 악은 일용할 양식을 받았음에도 더 많은 것을 요구하는 것이다. 내가 용서받았음에도 누군가를 용서하지 않는 것이다.

> "너희가 사람의 잘못을 용서하면 너희 하늘 아버지께서도 너
> 희 잘못을 용서하시려니와 너희가 사람의 잘못을 용서하지
> 아니하면 너희 아버지께서도 너희 잘못을 용서하지 아니하시
> 리라 금식할 때에 너희는 외식하는 자들과 같이 슬픈 기색을
> 보이지 말라 그들은 금식하는 것을 사람에게 보이려고 얼굴
> 을 흉하게 하느니라 내가 진실로 너희에게 이르노니 그들은
> 자기 상을 이미 받았느니라 너는 금식할 때에 머리에 기름을
> 바르고 얼굴을 씻으라 이는 금식하는 자로 사람에게 보이지
> 않고 오직 은밀한 중에 계신 네 아버지께 보이게 하려 함이라
> 은밀한 중에 보시는 네 아버지께서 갚으시리라"(마 6:14-18)

큰 잘못을 저지른 배우자나 자녀가 있어서 그로 인한 물질과
정신의 손해가 나를 힘들게 하더라도, 그 사건 속에서 내 죄를
볼 수 있어야 한다. 그러면 그들의 잘못은 아주 작은 것에 불과
하다는 것을 깨닫게 될 것이다. 그것을 깨달아야 하나님께서 나
의 죄도 용서해 주신다. 내 죄에도 불구하고 그들의 잘못을 용
서하지 못해서 내가 천국에 갈 수 없다면 그것보다 더 큰 잘못은
없다.

금식기도를 하는 것도 그렇다. 속으로는 부모도, 자식도 용서하지 못하면서 금식기도를 한다고 해 보자. 남들 보기엔 믿음이 너무 좋아 보이지 않겠는가? 그러나 그것이 무서운 악이다.

나도 금식기도를 해 봤지만 인간적인 목적을 가지고 한 적은 단 한 번도 없다. 아이들이 입시 때마다 번번이 실패했지만 그것 때문에 금식하지는 않았다. 내가 금식기도를 한 것은 큐티 사역을 시작하면서부터다. 사역하는 동안 많은 어려움이 뒤따를 텐데, 금식을 잘 견딘다면 다른 어려움도 능히 견딜 수 있으리라는 마음으로 금식을 한 것이다.

금식기도는 생명을 내던지는 폭탄과 같은 기도다. 그런데 우리는, "40일 금식을 할지언정 남편은 용서 못한다"고 한다. 용서하기가 싫어서, 용서할 줄 몰라서 생명을 내던지는 폭탄과 같은 40일 기도를 헛되게 하는 어리석은 인간이 바로 우리다.

하나님을 믿고도 우리는 날마다 악을 저지르는데 하나님을 모르는 사람이라면 무슨 짓을 못하겠는가? 하나님을 먼저 믿은 내가, 말씀을 먼저 들은 내가 용서해야 한다. 그래야 나 자신도, 우리 식구도 시험과 악에서 구할 수 있다.

_____

하나님 아버지, 기도가 '복을 구하는 주문'인 줄 알았습니다. 그래서 날마다 세상의 복을 구했습니다. 기도에 열심을 냈지만 주기도문에 담긴 정신과 뜻도 모른 채 외식적인 기도를 중언부언했습니다. 그런데 오늘 "너희는 이렇게 기도하라"고 하십니다. 날마다 하늘에 계신 우리 아버지의 이름을 부르라고 하십니다. 입으로만 "주여" 하고 부르지 말고, 나를 다스리시는 영원한 하나님의 이름이 거룩히 여김을 받도록 기도하라고 하십니다. 내 삶에 하나님의 통치가 이루어지기를 기도하라고 하십니다. 내일 일은 하나님께 맡기고, 오늘의 것만 구하라고 하십니다.

하나님 아버지, 이제라도 오늘 내게 필요한 것을 구하는 기도가 아닌, 하나님의 뜻대로 기도하기 원합니다. 하나님과의 관계가 바르게 되고, 아버지의 이름이 거룩히 여김을 받으시며, 아버지의 나라가 임할 수 있도록, 아버지의 뜻이 이뤄지도록 기도하기 원합니다. 내일의 것에 집착하지 않고 오늘 주시는 말씀, 오늘 주시는 양식으로 건강한 하루하루를 살아가게 하옵소서.

하나님 아버지를 믿는다 하면서도 오늘도 세상의 유혹을 끊지 못하고, 시험에 빠지는 연약한 인생입니다. 불쌍히 여기시고, 시험에 들지 않도록 붙잡아 주옵소서. 도저히 제힘으로는 끊지 못하는 악이 있습니다. 날마다 말씀을 통해 악이 무엇인지 분별할 수 있는 능력을 허락해 주시고, 악에서 지켜 주옵소서.

하나님 아버지께서는 아무런 조건 없이 저를 용서하셨는데, 제 속에는 아직도 용서할 수 없는 사람이 있습니다. 용서하지 못하고 쌓아 둔 악한 감정으로 인해 더 큰 죄를 짓지 않도록 저를 지켜 주옵소서. 하나님 앞에서 내가 할 말 없는 인생임을 기억하며, 용서와 사랑으로 하나님의 나라를 나타내기 원합니다. 주님의 나라와 주님의 권세와 주님의 영광을 구하며 살아가기 원합니다. 주께서 함께하여 주옵소서. 예수님의 이름으로 기도합니다. 아멘.

Q 지금 나는 무엇을 구하기 위해 기도하고 있습니까? 기도를 그저 '복을 구하는 주문'으로 알고 기복적인 기도를 하고 있지는 않습니까? 내 수고와 정성이 기도 응답을 가져오는 줄 알고 한을 풀듯이 기도하고 있지는 않습니까? 날마다 하나님 아버지의 이름을 부르며 기도하고 있습니까?

Q 함께 기도할 '우리'가 있습니까? 기도 제목을 나누고, 다른 이들을 위해 중보할 수 있는 교회 공동체에 속해 있습니까? 기도 제목이 부끄럽다고 기도 부탁도 못하면서 '나 홀로 신앙'에 머물러 있지는 않습니까?

Q 말씀을 볼수록 내 죄가 보입니까? 내가 매일 기도하며 용서받아야 할 죄는 무엇입니까? 죽을 수밖에 없는 나를 날마다 용서하시고 용납하시는 하나님의 사랑으로 누군가를 용서하고 있습니까? 입으로만 용서하고 아직까지 마음에 담아 둔 것은 없습니까?

Q 기도해도 여전히 반복적으로 빠지는 시험과 끊지 못하는 악이 있습니까? 내 힘으로 되지 않는다고 포기하면서 나 자신을 시험에 빠지기 쉬운 악의 환경에 그대로 내버려 두고 있지는 않습니까? 내 가정을 악에서 구하기 위해 내 죄를 회개하고, 가족의 잘못을 용서하고 있습니까?

02

"감사합니다!"

진정한 믿음으로 드리는
감사와 찬양기도

오직 여호와로 인하여 기뻐하며

    대학 시절 혼전 임신을 하는 바람에 양가 부모로부터 경제적인 지원도 받지 못한 채 황급히 결혼한 집사님이 있다. 예단비로 간신히 월세 방을 얻어 살게 되었고, 남편의 대학 등록금을 벌어 가며 연년생인 두 아들을 낳고 키웠다. 그렇게 겨우겨우 연명해 가던 중 셋째를 임신했을 즈음 통장의 잔고가 완전히 바닥나 버리고 말았다.

부유한 가정에서 자랐기에 단 한 번도 가난을 겪어 본 적이 없던 집사님은 그 어려움을 그리 심각하게 생각하지 않았다. '드라마 속 주인공들처럼 잠깐 겪는 것일 뿐'이라고 생각할 만큼 철이 없었다.

그런데 셋째를 출산할 때 하혈을 많이 해 의식을 잃어 가는 순간 "수혈하면 '피 값'이 비쌀 텐데…" 하며 처음으로 돈 걱정을 하게 되었다. 결혼 생활 6년 동안 끼니를 걱정하며 살면서도 기도라곤 해 본 적 없던 집사님은 그 사건 이후로 예배 때마다 통곡하며 주님께 매달렸다. "이제 도저히 한 발짝도 못 가겠어요" 하며 절규했을 때 비로소 자상한 남편을 우상으로 여겼던 자신의 죄를 보게 되었다. 자상한 남편만 바라보고 살았으니 주님이 그 집사님 안에 자리 잡을 틈이 없었던 것이다.

"이후로 모든 삶을 하나님께 의지했습니다. 예배에 집중하고 말씀에 매달렸습니다. 생활의 곤고함은 조금도 나아지지 않았지만, 여호와를 기대하는 삶의 기쁨이 있었습니다. 그러던 어느 날입니다. '막내아들의 기저귀 샘플이라도 얻어야겠다'는 마음에 신청한 '기저귀 모델 선발대회'에서 막내가 당선되어 TV 광고 모델이 되면서 하나님은 저희 다섯 식구의 땟거리를 채워 주셨습니다. 이뿐이 아닙니다. 광고 사진을 촬영하면서 실장님이 삼형제의 프로필 사진을 무료로 찍어 주셨는데, 그 사진 덕분에 큰아이가 아동복 모델로 스카우트되었습니다. 덕분에 태어나서 한 번도 입혀 본 적 없던 브랜드 옷을 아이들에게 입힐 수 있었습니다. 또한 어려운 집안 형편을 알게 된 실장님이 비싼 연기 학원에 아들을 무료로 다니게 해 주셨고, 블록버스터 영화에 아역 주연배우로 출연하는 영광을 누렸습니다. 하나님께서 저희 가정에 부어 주신 축복은 여기서 끝나지 않았습니다. 몇 달 전에는 230대 1의 높은 경쟁률을 뚫고 장기전세 임대아파트에 당첨되어 '서울 강남구'로 곧 이사를 하게 됩니다. 저의 입술에서는 시도 때도 없이 감사기도가 나옵니다."

이 집사님은 가정예배를 드릴 때마다 자신의 가정을 출애굽 시켜 주신 하나님을 세 아들에게 증거하며 감사와 찬양을 잊지 않는다. 그리고 육적인 구원에 대한 감사가 영혼 구원에 대한 감사로 이어질 수 있도록 기도하고 있다. 물질의 축복을 주셨을 때 이렇듯 감사하고 찬양하는 삶은 반드시 영혼 구원의 열매를 주렁주렁 맺게 될 것이다.

"병 낫게 해 주세요, 사업 잘되게 해 주세요, 애를 낳게 해 주세요, 자식 대학에 합격하게 해 주세요" 하고 우리는 때마다 간절히 기도하지만 정작 응답을 받고 나면 '내가 언제 그랬냐'는 듯 하나님을 잊을 때가 참 많다. 기복적인 신앙을 가진 성도들일수록 더 그렇다. 뭔가 도움을 받거나 혜택을 입었으면 "감사합니다"라고 인사하는 것이 예의인데, 우리는 너무 감사를 잊고 산다.

진정한 믿음의 사람은 기도 응답을 받으면 반드시 감사와 찬양의 기도를 드린다. 한나는 도무지 자신의 능력으로는 아들을 낳을 길이 없었기에 하나님께 서원했다. 그리고 진정한 기도를 통해 아들 사무엘을 낳는 응답을 받았다. 기도를 들으시고 응답하시는 하나님을 경험한 사무엘의 어머니 한나는 그 감격을 이기지 못해 '오직 여호와를 즐거워하며' 찬양했다.

> "내 마음이 여호와로 말미암아 즐거워하며 내 뿔이 여호와로 말미암아 높아졌으며 내 입이 내 원수들을 향하여 크게 열렸으니"(삼상 2:1)

모든 것이 여호와로 말미암은 것이므로 그 모든 영광을 하나님께 돌렸다. 그리고 오직 하나님 한 분만을 위해 감사기도를 드렸다. 기도 응답으로 얻은 아들 때문에 감사하고 찬양한 것이 아니라 하나님 그 자체를 찬양했다. 찬양을 하면서도 한나는 아들 이야기를 한 번도 하지 않았다.

마리아는 예수를 잉태하고 나서 너무나 기뻐 "내 영혼이 주를 찬양하며 내 마음이 하나님 내 구주를 기뻐하였음은 그의 여종의 비천함을 돌보셨음이라 보라 이제 후로는 만세에 나를 복이 있다 일컬으리로다"(눅 1:46-48)라고 확신에 찬 찬양을 했다.

성령으로 아들을 잉태한 마리아나 불임의 몸으로 아들을 잉태한 한나의 공통점은 아들을 얻었다는 것인데 그들은 그 아들로 인해 여호와를 찬양하지 않았다. 한나는 내 뿔이 여호와로 인해 높아졌기에 찬양했고, 마리아는 비천한 자신을 돌보셨기에 여호와를 찬양했다. 기적처럼 아들을 주셨지만 그 아들을 주신 것이 찬양의 이유가 아니었던 것이다.

오랜 불임의 고통을 겪다가 잉태했을 때 그 기쁨은 경험해 보지 않은 사람은 모른다. 당시만 해도 아이를 잉태할 수 없다는 것은 하나님의 저주로 인식되어서 멸시의 조건이 되었다. 한나는 남편으로부터 열 아들 못지않은 사랑을 받았지만 잉태하지 못하는 슬픔을 위로받을 길이 없었다. 그러니 그 은혜가 너무 커서 젖을 뗀 사무엘을 엘리 제사장에게 맡기면서도 "내 마음이 여호와로 말미암아 즐거워하며… 내가 주의 구원으로 말미암아 기뻐함이니이다"(삼상 2:1) 하고 감사와 찬양의 기도를 드렸다. 그 기도 속에도 아들 사무엘 때문에 기뻐한다는 이야기는 한마디도 없다. 창조주 하나님을 알게 된 너무나 큰 기쁨이 있는데 '그까짓' 아들을 얻은 것이 자랑이 되겠는가. 한나처럼 고난당해 본 사람만이 주의 구원으로 인하여 기뻐할 수 있다. 한

나의 남편 엘가나의 첩으로서 자식을 많이 낳은 브닌나 같은 여자라면 뭐가 아쉽다고 이런 찬양을 하겠는가?

우리에게도 이런 감격과 설렘이 있어야 한다. 이 세상 그 무엇과도 비교할 수 없는 예수 그리스도의 신부가 되는 기쁨과 감격이 있어야 한다. 그 기쁨으로 감사하고 찬양하는 삶이 되어야 한다. 밤낮 찰싹거리는 바닷가에서 병 낫기만을 바라며 요동하지 말고, 엄청난 은혜 가운데 요동치 않는 바다 가운데로 들어가는 인생이 되어야 한다. 진정한 믿음을 가지고, 매사에 감사하며 찬양하는 삶을 살기 위해서는 바다를 창조하신 그 하나님을 알아야 한다.

바울은 "우리가 잠시 받는 환난의 경한 것이 지극히 크고 영원한 영광의 중한 것을 우리에게 이루게 함이니"(고후 4:17)라며 고난까지도 감사하게 받아들였다.

우리는 갑자기 병에 걸리면 그 아픔 때문에 고통스러워할 뿐 아니라 심리적으로 절망한다. 하지만 병이 나으면 언제 그랬냐는 듯 그 고통의 시간들을 쉽게 잊어버린다. 회복의 기쁨도 오래가지 않는다. 그러나 그 병 때문에, 그 고통 때문에 주님을 만났다면 그것을 치유해 주신 주님에 대한 감사는 영원하게 된다. "지극히 크고 영원한 영광의 중한 것"이 무엇인지 알게 된다. 주님은 영원하시고 기쁨과 즐거움의 근원이심을 절실히 깨닫게 되기 때문이다.

누군가는 나더러 "고난의 신학을 부르짖는다"고 하지만 고난 당하는 사람이 주님을 높이는 것을 누가 어떻게 말리겠는가?

한나는 브닌나 때문에 속상해서 기도했지만 그 고난으로 인해 하나님을 만나게 된 것이 너무나 감사했다. 그래서 그녀는 기도 응답으로 얻은 자식 때문에 기뻐하지 않았다. 오직 '주의 구원으로 말미암아' 기뻐했다. 구원을 얻은 자는 비천한 데서 높아져 원수를 이긴 것이기에 더욱 즐거워하고 기뻐한다. 고난 중에 내 비천함과 무능함을 자각함으로 기도하고, 그 기도에 응답해 주시는 하나님으로 인해 기뻐하며 찬양하는 것이다.

전지전능하신 하나님을 찬양하라

한나는 아들을 잉태함으로 하나님을 경험하게 되었다. 비로소 하나님이 전지전능하신 분인 줄 알았다. 그녀의 고백을 들어보자.

"심히 교만한 말을 다시 하지 말 것이며 오만한 말을 너희의 입에서 내지 말지어다 여호와는 지식의 하나님이시라 행동을 달아 보시느니라"(삼상 2:3)

누가 지적한 것도 아닌데, 그녀 스스로 교만한 말을 내뱉었던 것을 회개했다. 그저 착해만 보이는 한나인데 도대체 어떤 교만한 말을 했기에 이렇게 회개까지 해야 했을까?

한나는 자식이 없는 것 때문에 '원통함과 격분됨이 많았다'(삼상 1:16). 그 원통해 하고 격분해 하던 한나의 마음속에는 분명히 하나님에 대한 원망이 있었을 것이다. "하나님은 정말 나를 모르시나 봐, 내가 이렇게 힘든데 하나님은 이 일을 해결하지 못하셔!" 하는 원망이 적지 않았을 것이다. 그러나 하나님께 그런 마음을 품는 것, 그런 말을 내뱉는 것은 교만이다.

하나님은 모르시는 것이 없다. 못하실 것이 없다. 그런데 우리는 하나님을 믿는다 하면서도 하나님의 능력을 의심한다. 그 의심 때문에 교만한 말을 수시로 내뱉는다. 각자 믿음의 분량에 따라 교만한 말을 내뱉는다.

그러나 고난을 통해 자기 죄를 보고, 기도 응답을 통해 하나님의 전지전능을 체험하면 그런 교만이 자연히 사라지게 된다. 즉시 절대 주권의 하나님을 찬양하게 된다.

"여호와는 죽이기도 하시고 살리기도 하시며 스올에 내리게
도 하시고 거기에서 올리기도 하시는도다 여호와는 가난하게
도 하시고 부하게도 하시며 낮추기도 하시고 높이기도 하시

는도다"(삼상 2:6-7)

한나는 "여호와는 죽이기도 하시고 살리기도 하시는 분"이라
고 고백한다. 한나야말로 자식이 없어 죽을 것만 같던 인생이었
다. 그런데 아들을 주심으로 살아났다. 스스로 죽었다가 살아
난 것이 아니라 하나님의 은혜로, 능력으로 살아났다. 그에 대
한 감사가 인정되니 모든 것이 하나님 마음에, 하나님의 손에
달려 있다는 것을 깨달았고, 급기야 하나님의 절대 주권을 인정
하는 찬양이 그 입술에서 터져 나온 것이다.

창세기 24장에서 아브라함의 종 엘리에셀은 이삭의 아내를
구하기 위해 하란으로 떠났다가 '오직 하나님께서 그 길을 인도
하심으로' 리브가를 만나자 그 자리에서 즉시 머리를 숙여 여호
와께 경배했다.

> "나의 주인 아브라함의 하나님 여호와를 찬송하나이다 나의
> 주인에게 주의 사랑과 성실을 그치지 아니하셨사오며 여호와
> 께서 길에서 나를 인도하사 내 주인의 동생 집에 이르게 하셨
> 나이다"(창 24:27)

아브라함의 종은 듣지도 보지도 못한 이삭의 신붓감을 찾기

위해 길을 떠났지만, 단번에 리브가를 만나게 된 이 모든 것이 하나님이 하신 일이라고 인정했다. 하나님의 인도가 아니었으면 길도 잃고 엉뚱한 곳으로 갈 수도 있었는데, 정확히, 단번에 리브가를 만났으니 그 놀라움에 경배와 찬송이 즉각 나오지 않을 수 없었다.

우리 또한 감사의 기도를 드릴 때 죽이기도 살리기도, 가난하게도 부하게도 하시는 절대 주권의 하나님을 찬양해야 한다. 돈, 남편, 아내, 자녀가 기둥이 아니다. 하나님께서 나의 기둥 되심을 모든 사건 속에서 인정하고, 빈궁하고 가난한 자를 일으키시는 하나님의 역사에 감사하며 찬양해야 한다. 우리 인생은 무슨 일을 하든지 시작도 마지막도 하나님께 무릎 꿇고 찬양하고 경배하는 것이 되어야 한다. 하나님으로 시작해서 하나님으로 끝나야 한다.

거룩한 자들의 발을 지키시는 하나님을 찬양하라

한나의 찬양은 여기서 그치지 않았다. 한나는 또한 '거룩한 자들의 발을 지키시는 하나님'을 찬양했다. 하나님은 예배로 향하는 우리의 거룩한 발을 지켜 주신다. 우리의 삶이 영혼 구원이 목적이 되면 세상의 길로 가지 않도록 지켜 주시고, 영적 자녀를 낳는 길로 인도해 주신다. 한나는 그런 하나님을 찬양했다.

날마다 세상 유혹이 있어도 우리가 그 유혹에 빠지지 않으려 애쓰는 것은 내 굳은 의지 때문이 아니라 하나님이 나를 눈동자 같이 지켜 주시기 때문이다. 내 의지로 '저곳은 거룩하지 않으니까 가지 말아야지' 한다고 해서 그게 마음먹은 대로 되던가? 우리는 연약하기 그지없기에 하나님께서 우리의 거룩한 발을 지켜 주셔야 한다.

나는 험악한 이 세상에서 30대 후반에 혼자가 되었다. 그런 나를 하나님께서는 정말 불꽃처럼, 눈동자처럼 지켜 주셨다.

혼자가 된 후 '내 맘대로 살 수 있는 인생'이 되었으니 얼마나 유혹이 많았겠는가? 오직 성공하기 위해 악착같이 공부하고 피아노만 쳤으니, 이제 기댈 남편마저 없으니, 피아노 선생으로 돈 버는 일에 매달릴 수도 있었다. 세상적으로는 그게 당연한 선택이었다. 집에 피아노가 세 대나 있는데 그걸로 돈을 벌어야지 어떻게 영적 후사 낳는 것에 마음을 둘 수 있었겠는가?

그런데 사람을 살리고 영적 후사를 낳으려니 큐티를 계속해야만 했다. 그러다 재수생 큐티 모임을 하면서 아이들이 살아나는 것을 보니까 피아노 선생보다 더 기쁜 일이 있다는 것을 알게 되었다. 저절로 세상의 길이 아닌 영적 자녀를 낳는 길로 가게 해 주신 것이다. 하나님이 나의 거룩한 발을 지켜 주심으로 피아노 선생을 내려놓고 영적 후사 낳는 일에 집중하게 하신 것이다.

내 힘으로는 거룩한 곳에 갈 수 없다. 아무것도 할 수 없는 환경에 처하더라도 오직 말씀과 기도와 예배에 집중하며 나의 거룩에 힘쓰면 하나님은 반드시 그 거룩한 자의 발을 지켜 주신다. 그 은혜에 감사하며 찬양하는 인생이 되도록 하신다.

세상적인 눈으로 볼 때 너무나 비천한 삶을 살고 있는 한 집사님이 계시다. 스스로도 자신의 비천함을 잘 알고 있다. 가정은 일찍부터 깨어졌고, 지독한 가난에 시달리며 하루하루 파출부로 살아가고 있다. 작은아들은 강박증을 앓고 있고, 큰아들은 7년째 백수가 되어 결혼식도 못 올린 채 동거하고 있다. 그럼에도 이 집사님은 "53년을 살아오는 동안 요즘처럼 행복한 때가 없었다"고 말한다. 지금 천국을 누리고 있다는 것이다. 이유가 무엇일까?

"아무것도 의지할 데가 없어서 너무 감사하고, 아무것도 할 수 없는 환경이어서 너무 감사해요. 하나님만 의지할 수 있으니까요."

그러고는 한마디 덧붙였다.

"저는 애굽을 좋아해서 조금이라도 환경이 열리면 애굽으로 갈 사람입니다. 100프로 옳으신 하나님께서 그 길을 막으시고, 내게 줄로 재어 주신 이 환경이 얼마나 감사한지 몰라요."

과연 우리 입에서도 이런 감사와 찬양이 나올 수 있을까?

이분은 이런 어려운 환경 속에서도 중보기도학교에서 훈련을 받으며 "내가 다른 사람을 위해서 뭔가를 할 수 있다는 것이 감사하다"고 고백했다. "이것이 하나님께서 나를 위해 계획하신 일이어서 또한 너무 감사하다"고 했다. "이런 사랑을 공급해 주셔서 오늘도 기쁨으로 살게 해 주신 아버지 하나님께 영광과 찬양을 올린다"고 했다. 이 집사님의 입술에서 나오는 고백은 그 한마디 한마디가 감사와 찬양의 기도다. 기도처럼, 고백처럼 자신의 삶을 간증하는 집사님의 눈에서는 눈물이 흘렀다. 슬픔에 복받쳐서가 아니라 너무 기뻐서 흘리는 눈물이었다.

할렐루야! 진정한 감사와 찬양의 기도란 바로 이런 것이다.

내 자식, 내 재물, 내 복 때문이 아니라 오직 여호와로 인한 기쁨 때문에 드리는 것이 진정한 감사와 찬양의 기도다. 뭔가 응답을 받아서 감사하고 찬양하는 것이 아니라, 가진 것 없고 의지할 데 없어도 오히려 그로 인해 하나님을 의지할 수 있어서 감사하는 것이야말로 진정한 감사와 찬양의 기도다.

평생토록 하나님만 생각하면 가슴이 설레고, 하나님의 이름만 부르면 기쁨을 이기지 못해 경배하고 찬양하는 인생이 되기를 소원하자.

나의 비천함을 고백한 다윗의 감사와 찬양

하나님께서 모든 원수를 무찔러 주심으로 다윗이 궁궐에서 평안을 누리고 있을 때의 일이다. 다윗은 나단을 통해 하나님께 성전 건축 소식을 아뢰지만, 하나님은 오히려 '내가 너를 위해서 집을 지어 주겠고, 네 왕위를 견고하게 세워 주겠다'고 약속하신 다(삼하 7:1-16).

다윗은 그 말씀을 듣고 감격하지 않을 수 없었다. 하나님께서 자신을 위해 성전을 세워 주신다는 것이 얼마나 큰 축복인가. 다윗은 즉시 하나님께 나아갔다. 그는 곧장 "여호와 앞에 들어가 앉았다"(삼하 7:18).

'여호와 앞에 앉았다'는 것은 '체류하다'라는 뜻도 있지만 '무릎을 꿇고 앞으로 굽힌 채 바닥에 완전히 부복했다'는 뜻도 내포하고 있다. 다윗이 스스로 '하나님의 종'임을 인정했다는 뜻이다. 그는 비록 통일 이스라엘의 왕이 되었지만, 자신이 하나님의 종에 불과하다는 것을 인정했다. 그 종의 신분으로 다윗은 온 마음을 다해 감사의 기도를 드렸다.

"나는 누구이오며 내 집은 무엇이기에 나를 여기까지 이르게 하셨나이까"(삼하 7:18)라는 고백은 한낱 베들레헴의 목동에 불과했던 자신의 비천함에 대한 고백이자, 그런 자신을 이스라엘

왕까지 되게 하신 데 대한 감사와 찬양의 고백이다.

다윗은 늘 자신의 주제를 알고, 주님 앞에서 겸손히 자신을 인정했다. 하나님은 그런 다윗에게 큰일을 알게 해 주셨다.

철학자 스피노자는 겸손에 대해서 냉소적으로 정의한 바 있다. "겸손이란 야심가의 위선이거나 노예근성의 비굴함이기도 하고, 대체로 처세 수단인 경우가 많다"는 것이다. 그렇다면 진정한 겸손이란 어떤 것인가? 찰스 스펄전은 "겸손은 하나님 안에서 자기 자신을 정확하게 파악하는 것"이라고 했다. '나는 사랑도 할 수 없고, 용서도 할 수 없는 존재임을 정확히 인식하는 것'이 겸손이라는 것이다.

다윗은 어느 순간부터 '내 힘으로는 도저히 내적인 성전을 지을 수 없다'는 것을 인정했다. 자신이 전적으로 무능하고, 부패하다는 것을 깨달음으로 하나님 앞에서 겸손해질 수밖에 없었다. 내 주제를 아는 것이 모든 큰일을 알게 되는 비결이다. 그 겸손함으로 나아가면 내 인생에는 그저 감사하고 찬양할 일밖에 없다.

사무엘하 7장에 나오는 다윗의 기도문에서 주목해야 할 두개의 호칭이 있다. "주 여호와"와 "주의 종"이다. 철저히 자기의 겸손을 나타내는 호칭이다. 이런 표현이 7장에서만 수십 차례 나온다. 다윗이 얼마나 감격했는지, 온 마음으로 주 여호와를 부르고 있다. 그는 15개나 되는 험한 광야를 지나며 하나님을 경험했다. 하나님이 아니면 도저히 이겨 낼 수 없었던 삶을 체험했다. 그래서 그 입에선 무슨 일만 있어도 "주 여호와"가 저절로 나왔다. "내 사랑하는 주님, 주 여호와"를 부르기만 해도 너무 좋았다. 그 이름만 불러도 감격하고 감사하고 눈물이 흐르고 찬양이 나왔다.

신앙생활이 건강하지 못하면 하나님과 애착관계가 형성되지도 못하고 하나님을 회피하며 하나님을 두려워할 수밖에 없다. 그래서 무엇보다 하나님 자체를 사랑해야 한다. 나는 비록 별도 달도 따다 드릴 수 없는 입장이지만 그래도 하나님께 뭔가 해드리고 싶은 마음을 갖는 것, 이것이야말로 하나님과 건강한 애착관계를 갖는 것이다. 그래야 감사와 찬양이 절로 나오는 인생이 될 수 있다.

어린 아기가 엄마에게 뭘 해드릴 수 있겠는가. 아기가 할 수 있는 것은 오직 엄마 품을 파고드는 일밖에 없다. 엄마는 아기가 자신의 품을 파고드는 것만으로도 충분히 행복하고 기쁘다. 아기가 엄마 품안으로 파고들기는커녕 먼발치에서 엄마를 쳐다보기만 한다면 엄마와의 관계에 문제가 있다는 것이다. 엄마는 마음이 너무 아플 수밖에 없다.

하나님도 우리가 그 품안으로 무조건 파고들기를 원하신다.

"하나님!" 하고 부르며 기도하기를 원하신다.

이 세상에 언제나 내 편인 분은 하나님밖에 없다. 그 위대하신 하나님이 내 편이라는 것에 어찌 감사하지 않을 수 있겠는가?

말씀에 근거한 기도와 찬양

다윗은 또한 하나님의 음성에 늘 예민하게 반응했다. 말끝마다 "말씀하신 것을… 말씀하신 대로 행하사"(삼하 7:25), "주의 말씀들이… 말씀하셨사오니"(삼하 7:28-29) 했다. 하나님의 말씀에 귀 기울였고 그 말씀을 따라 행했다는 것이다. 그리고 그 말씀대로 했더니 만사가 형통했다. 말씀이 들리는 기도야말로 영원히 복을 받는 비결이다.

> "주를 향하여 크게 악을 행하여 주께서 주의 종 모세에게 명령하신 계명과 율례와 규례를 지키지 아니하였나이다"(느 1:7)

주께서 명하신 계명과 율례와 규례를 지키지 않는 것은 심히 악을 행하는 일이다. 말씀을 보지 않으니 계명과 율례와 규례를 알 수가 없다. 알지 못하니 지킬 수도 없고, 그래서 악을 저지를 수밖에 없다. 큐티도 안 하고, 성경도 안 읽고, 기도도 안 하니 심히 악을 행하는 것이다. 도덕적인 죄가 아니라 하나님의 말씀을 모르고 내 마음대로 살아가는 것이 큰 죄라는 것을 알아야 한다.

말씀이야말로 우리가 기도할 수 있는 근거다. 나와 나의 아비 집이 범죄했어도 주께서 택하신 백성이기에 약속을 기억해 달라고 기도할 수 있다. 나에게는 선한 것이 없기에 변치 않으시는 주의 말씀, 주의 약속에 의지해서 기도해야 한다.

> "주여 구하오니 귀를 기울이사 종의 기도와 주의 이름을 경외하기를 기뻐하는 종들의 기도를 들으시고 오늘 종이 형통하여 이 사람 앞에서 은혜를 입게 하옵소서 하였나니 그때에 내가 왕의 술 관원이 되었느니라"(느 1:11)

느헤미야는 자신의 형통을 구하면서 아닥사스다 왕 앞에서 은혜를 입게 해달라고 기도했다. 그리고 왕의 술 관원이 되는 구체적인 응답을 받았다. 이렇듯 말씀을 근거로 기도하다 보면 구체적인 기도를 드리게 된다. 막연하게 "은혜를 내려 주시옵소서. 용서해 주시옵소서" 하는 기도가 아니라 구체적으로 성경 말씀을 사용해서 기도해야 응답을 받을 수 있다. 감사하고 찬양하는 인생이 될 수 있다.

구체적인 기도를 드리면 내 삶의 목적과 내 존재의 이유를 깨닫게 된다. 느헤미야는 기도 응답으로 술 관원이 되었기에 그 지위가 자신을 위한 것이 아니라 동족을 위한 것임을 알았다. 술 관원은 왕이 술을 마시기 전에 먼저 마셔 봄으로 독이 있는지 여부를 알아보는 직책이다. 왕의 생명이 달린 직책으로 이른바 '비서실장' 격이라고 할 수 있다. 느헤미야는 자신이 그 자리에 오른 것이 3차 포로 귀환을 위한 하나님의 예비하심임을 깨달았다.

자기 삶의 목적과 이유를 깨달은 느헤미야는 자신의 형통을 내려놓고 민족의 형통을 이루는 진정한 위로자가 되었다. 비록 강대국의 노예로 있어도 느헤미야 같은 한 사람을 통해 하나님은 하나님의 역사를 써 가신다. 어떤 환경에 있든지 하나님을 믿고 그 말씀대로 살고자 하는 내가 세상의 주인공이다.

하나님께서 나에게 돈과 학벌, 지위와 능력을 주신 것은 그것으로 다른 사람을 도우며 하나님의 일을 하게 하려는 것이다. 가진 것이 없다면, 없는 그 자리에서 더 힘든 사람을 위로하는 것이 내 삶의 목적이자 존재 이유다. 오히려 가진 것이 없을수록 하나님의 능력과 은혜가 더 크게 나타난다. 감사할 수밖에 없는 인생이 되는 것이다.

내 시집살이 간증, 남편의 구원 간증이 무슨 대단한 이야기인가? 세상 사람들에게 위로받기는커녕 무시당할 이야기다. 말씀이 없었으면 감사는커녕 원망만 하고 살았을 인생 이야기에 불과하다. 그러나 때마다 말씀으로 내 환경을 해석해 주셨기에 나의 간증이 다른 사람을 위로하고 살리는 능력이 되었다. 그래서 내 평생 감사와 찬양이 차고 넘치게 되었다.

항상 기뻐하고 기도하며 감사하는 인생

"항상 기뻐하라 쉬지 말고 기도하라 범사에 감사하라 이것이 그리스도 예수 안에서 너희를 향하신 하나님의 뜻이니라"(살전 5:16-18)고 했다. 이 말씀은 옛날부터 우리 집의 가훈이어서 나는 벽에 써 붙여 놓은 이 말씀을 날마다 보고 읽으며 자랐다.

그러나 우리 인생이 어찌 날마다 기쁠 수 있는가? 기쁜 날보다 슬픈 날, 힘든 날이 더 많지 않은가. 주님의 은혜가 아니면 우리는 절대로 기뻐할 수 없다. 주님의 은혜가 아니면 음란과 불륜, 교만과 태만, 정욕이 가져오는 끝없는 고난 가운데 고통스러울 수밖에 없다. 내 힘으로는 도무지 답이 없는 인생이다.

내 힘으로는 되는 것이 없는 인생이지만 그래도 기뻐하라고 하신다. 그래야 감사하는 인생이 될 수 있다고 하신다. 그런데 항상 기뻐하고 범사에 감사하는 그 사이에 "기도하라"가 있다. 먼저 기뻐하고 그다음에 기도하면 범사에 감사하게 된다는 것이다. 하나님께서 그 기도에 응답해 주심으로 감사하는 인생이 될 수 있는 것이다.

누가복음 18장에서 예수님은 한 불의한 재판관의 비유를 들며 "항상 기도하고 낙심하지 말라"고 말씀하셨다. '하나님을 두려워하지 않고 사람을 무시하는 불의한 재판관도 과부가 번거롭게 하면 그 원한을 풀어 준다고 하는데, 하물며 하나님께서 밤낮 부르짖는 택하신 자들의 원한을 풀어 주시지 않겠느냐면서 '속히 풀어 주실 것이므로 낙심하지 말라'고 하신다(눅 18:1-8).

사실 재판관을 번거롭게 하는 것이 옳은 일은 아니다. 과부는 원한 때문에 재판관에게 매달렸다. 내가 원하는 것이 이 세상의 야망이고, 원수 갚기 위한 것이고, 돈을 벌기 위한 것이라면 그 기도는 한을 푸는 것이나 다름없다. 그러나 과부란 기댈 곳이 없는 사람이다. 억울하고 힘든 일에 부닥치면 할 수 있는 일이라고는 재판관에게 매달리는 것뿐이다. 어찌 보면 과부와 같은 환경이야말로 기도할 수밖에 없는 최고의 환경이다. 무시받는 처지에 있으면 밤낮으로 부르짖으며 하나님께 매달릴 수밖에 없다. 그래서 과부가 최고의 축복이고, 무시받는 환경이 최고의 축복이다.

나 역시 마흔이 채 되기도 전에 과부가 된 것이 하나님께 전적으로 올인하는 계기가 되었다. 이만한 축복이 또 어디 있겠는가. 과부가 되었다고, 무시를 받았다고 낙심하여 주저앉으면 인생은 그것으로 끝이다. 믿는 자들의 인생 목적은 거룩이다. 그런데 우리는 거룩하지 못해서 낙심할 일이 너무나 많다. 악하고 음란한 이 시대에 기도하지 않으면 하루에도 수십 번 실족하고 넘어지게 마련이다. 쉽게 낙심하고 쉽게 무너져 내린다. 절박하지 않을 수가 없다.

그러므로 끈질기게 기도해야 한다. 끈질기게 기도할 수 있는 원천은 하나님에 대한 신뢰요, 하나님과의 지속적인 교제다. 하나님과 인격적인 교제를 하지 않으면 끈질긴 기도, 지속적인 교제를 하기 어렵다. 기도 스타일, 시간, 횟수가 문제가 아니다. 참되고 영원한 것을 위해서 기도하는데 하나님이 왜 안 들어주시겠는가. 세상의 과부도 이렇게 끈질기게 간구하는데 '하물며' 빛의 자녀인 우리는 왜 끈질기게 기도하지 않는가? 항상 기도하는 것도, 낙심치 않는 것도 쉬운 일은 아니지만 응답해 주실 하나님을 기대하며 밤낮 부르짖으면 하나님께서 귀를 기울이실 수밖에 없다. 감사가 절로 나오는 인생이 될 수밖에 없다.

하나님이 지으신 천하 만물 중에 쓸데없는 것은 하나도 없다. 내 인생이 비록 지질하다 해도 낙심하면 안 된다. 하나님께서 지으신 있는 그대로의 나를 감사함으로 받으면 반드시 쓰임 받게 하신다. 가령 얼굴이 못생겼다고 좌절해선 안 된다. 얼굴이 못생겨도 그 때문에 쓰임 받는 일이 반드시 있다. 못생긴 것으

진정한 믿음으로 드리는 감사와 찬양기도

로 쓰임 받는 사람은 교만 부릴 일도 없고, 외모를 치장하기 위해 수고할 일도 없지만, 잘생긴 것으로 쓰임 받으려면 늘 가꿔야 하는 고생을 해야 한다. 또 겸손하기가 힘들어 하나님나라를 위해 쓰임 받으려면 교만을 깨는 과정이 필요하다. 짓밟히는 과정을 거쳐야만 한다.

못생긴 외모든, 지질한 삶이든 감사함으로 받으면 버릴 것이 없다. 태어나면서부터 아이를 붙잡고 "이래도 감사, 저래도 감사, 붙어도 감사, 떨어져도 감사" 하고 키우면 버릴 것이 없는 자녀, 쓰임 받는 인생이 될 것이다.

뭔가 응답을 받아서 감사하고 찬양하는 것이 아니라,
가진 것 없고 의지할 데 없어도
오히려 그로 인해 하나님을 의지할 수 있어서 감사하는 것이야말로
진정한 감사와 찬양의 기도다.

말씀으로 기도하기

하나님 아버지, 때마다 그렇게 간절히 기도하지만 정작 응답을 받고 나면 감사의 마음은커녕 '내가 언제 그랬냐'는 듯 하나님을 잊고 살았습니다. 죽이기도, 살리기도, 가난하게도, 부하게도 하시는 분은 하나님인데, 내 학벌과 지식과 권세가 나를 부하게 하는 줄 알고 하나님을 찬양하지 못했습니다. 하나님을 믿는다 하면서도 하나님의 능력을 의심하고, 그 의심 때문에 교만한 말을 수시로 내뱉었습니다.

내 힘으로는 되는 것 없고, 되었다 함이 없는 인생이지만 그래도 기뻐하라고 하십니다. 항상 기뻐하고 쉬지 말고 기도하고 범사에 감사하라고 하십니다.

하나님 아버지, 이제라도 항상 기쁨과 감사가 차고 넘치는 삶을 살기 원합니다. 그 기쁨으로 감사하고 찬양하는 인생이 되길 원합니다. 모든 것이 여호와로 말미암아 비롯된 것임을 인정하고 그 모든 영광을 하나님께 돌리며 살기를 원합니다. 모든 것이 하나님 마음에, 하나님의 손에 달려 있다는 것을 깨닫기 원합니다. 하나님의 절대주권을 인정하는 찬양이 제 입술에서 터져 나오길 원합니다. 그의 뿔이 여호와로 인하여 높아졌기에 찬양했던 한나처럼, 비천한 자신을 돌보셨기에 여호와를 찬양했던 마리아처럼 오직 하나님 한 분만을 위해 감사기도 드리는 인생이 되길 원합니다.

기도 응답으로 얻은 물질 때문에 감사하고 찬양하는 것이 아니라 하나님 그 자체를 찬양하는 믿음을 허락해 주옵소서. 가진 것 없고 의지할 데 없어도 그로 인해 하나님을 의지할 수 있음에 감사하며 살고, 하나님 자체가 상급이 되게 도와 주옵소서. 모든 것이 하나님의 절대주권임을 찬양하게 하옵소서. 평생토록 하나님 생각만 하면 가슴이 설레고, 하나님 이름만 부르면 기쁨을 이기지 못해 경배하고 찬양하는 인생이 되기를 소원합니다. 이래도 감사하고, 저래도 감사하는 인생이 될 수 있도록 축복해 주옵소서. 예수님의 이름으로 기도합니다. 아멘.

Q 기도 응답을 받았을 때 감사기도를 드렸습니까? 주신 것이 너무 좋아서 감사했습니까, 하나님 그 자체가 좋아서 감사했습니까? 모든 것이 여호와로 말미암은 것임을 인정하고 그 모든 영광을 하나님께 돌립니까? 매사에 감사하며 찬양하는 삶을 살고 있습니까? 세상 무엇과도 비교할 수 없는 내 기쁨은 무엇입니까? 예수 그리스도의 신부가 된 기쁨과 감격이 있습니까?

Q 하나님은 내게 어떤 분이십니까? 죽다시피 하던 내가 기도함으로 하나님의 은혜로 살아난 적이 있습니까? 하나님의 전지전능하심과 절대 주권을 인정하게 된 나의 사건은 무엇입니까? 그 고난의 사건이 축복이 되므로 하나님께 기뻐하며 찬양한 적이 있습니까?

Q 나의 연약함을 인정합니까? 날마다 나를 유혹하는 것은 무엇입니까? 그 유혹에 빠지지 않으려고 어떤 노력을 하고 있습니까? 말씀을 근거로 구체적인 기도를 드립니까? 늘 불평과 불만인 인생입니까, 감사와 찬양이 차고 넘치는 인생입니까?

Q 항상 기뻐하고, 쉬지 않고 기도하며, 범사에 감사하고 있습니까? 내 인생에 가장 큰 기쁨은 무엇입니까? 내 인생에 가장 감사한 일은 무엇입니까? 하나님만 생각하면 가슴이 설렙니까? 하나님을 의지할 수 있음에 감사하고 있습니까? 하나님을 찬양하지 못하게 막는 내 속의 염려와 근심은 무엇입니까?

03

"회개합니다!"

자복하며 드리는
회개기도

"나를 불쌍히 여기소서"

신약성경의 첫 복음서인 마태복음에는 예수님의 '팔복'에 대한 말씀이 기록되어 있지만, 마지막 말씀인 요한계시록에는 '칠복'에 대한 말씀이 나온다. 말씀을 읽고 듣고 기록한 것을 지키는 자(1:3), 인내로 믿음을 지키며 주 안에서 죽는 자(14:12-13), 벌거벗고 다니지 아니하여 자기의 부끄러움을 보이지 아니하는 자(16:15), 어린양의 혼인 잔치에 청함을 입은 자(19:9), 첫째

부활에 참여하는 자(20:6), 예언의 말씀을 지키는 자(22:7), 마지막으로 자기 두루마기를 빠는 자에게 복이 있다고 하신다(22:14). 예수 믿는 우리에게 팔복과 칠복 중 어느 하나 귀하지 않은 것이 없지만 그중에서도 가장 큰 복은 '자기 두루마기를 빠는 자'에게 주시는 것이다.

'자기 두루마기를 빤다'는 것은 '회개'를 말한다. 내 육적인 수치를 오픈하는 것이다. 더러워진 두루마기는 오직 예수 그리스도의 보혈로만 빨 수 있다. 내 안에 선한 것이 없다고 고백하며 인생의 더러움을 내어 놓고 고백하는 것이 정결케 되는 비결이다. 회개는 인간이 경험할 수 있는 최고의 감정이다. 뉘우치는 인생보다 더 아름다운 인생은 없다.

귀신 들린 딸을 구해 달라고 예수님께 나아온 가나안 여인은 "나를 불쌍히 여기소서"(마 15:22)라고 외친다. 딸을 불쌍히 여겨 달라는 것이 아니라 나를 불쌍히 여겨 달라고 한다. 자기 딸이 흉악히 귀신 들리고 나니까 그간 자신이 믿었던 명예와 풍요, 학벌 우상이 무용지물이라는 것을 깨달았다. 가나안에서 저주의 인생을 살면서 마음이 낮아질 대로 낮아지니 "불쌍히 여기소서"가 저절로 나오는 것이다. 그렇다. 회개기도의 본질은 "나를 불쌍히 여기소서"다. 내가 아무것도 할 수 없음을 고백하는 것이다. 내가 죄인이라는 인식, 즉 내 죄를 고백하는 회개가 있어야 하나님은 그 기도에 귀 기울여 주신다.

> "자기의 죄를 숨기는 자는 형통하지 못하나 죄를 자복하고 버
> 리는 자는 불쌍히 여김을 받으리라"(잠 28:13)

세상에서 죄를 짓지 않는 사람은 없다. 다만 죄를 범한 이후
가 중요하다. 자기 죄를 숨기는 자는 형통한 인생을 살 수가 없
다. 용서받지 못한 죄로 인한 죄책감과 정죄감이 늘 내 발목을
잡기 때문이다. 그러나 죄를 고백하고 버리는 자는 불쌍히 여김
을 받는다고 한다. 하나님은 죄악을 숨기지 아니하면 그 죄악을
사하시는 자비로운 분이기 때문이다(시 32:5). 그 하나님의 자비
에 의지하여 회개하면 재앙에 빠지지 않는다. 죄를 고백하는 의
인의 간구는 역사하는 힘이 크다고 했다(약 5:16).

> "이제 종이 주의 종들인 이스라엘 자손을 위하여 주야로 기도
> 하오며 우리 이스라엘 자손이 주께 범죄한 죄들을 자복하오
> 니 주는 귀를 기울이시며 눈을 여시사 종의 기도를 들으시옵
> 소서 나와 내 아버지의 집이 범죄하여 주를 향하여 크게 악을
> 행하여 주께서 주의 종 모세에게 명령하신 계명과 율례와 규
> 례를 지키지 아니하였나이다"(느 1:6-7)

이스라엘 자손을 위하여 주야로 기도한 느헤미야는 '나와 나의 아비 집이 범죄하여 심히 악을 행하였다'고 자기 죄부터 고백했다. 수산 궁에서 잘 먹고 잘살고 있던 느헤미야가 무엇이 아쉬워서 '나와 나의 아비 집이 범죄했다'고 회개했을까? 돌이켜보면 느헤미야에게는 1, 2차 포로 귀환 때 이스라엘로 돌아가지 않은 데 대한 영적 부담이 있었을 것이다. 훼파된 예루살렘에서 고생하는 동족과 달리 왕궁에 거하고 있는 자신과 자기 집안을 생각하니 회개와 자복이 나오는 것이다.

2002년 여름, 친정아버지가 암 선고를 받으셨다. 몇 개월을 넘기기 어렵다는 진단을 받고 누워 계신 아버지께 매주 찾아가서 예배를 드렸다. 당시 큐티 본문이 느헤미야 말씀이었는데, 이 본문을 나누며 "아버지도 나와 나의 아비 집이 범죄한 것을 회개하셔야 한다"고 말했다.

병문안 갈 때마다 "회개할 것이 없으시냐?"고 여쭈었더니 어느 날 "소작을 부리는 지주였던 할머니께서 소작농들을 강팍하게 대하셨는데 그 강팍한 면이 내게도 남아 있는 것 같다"고 회개하셨다.

이렇듯 내 죄만 회개하는 것이 아니라 조상의 죄까지도 회개할 수 있는 것, 죄라고 생각하지 못했던 것을 죄로 깨닫는 것이야말로 능력 중의 능력이다. 할머니, 아버지의 교만이 내게는 없겠는가. 뿌리 깊은 유교 집안의 우상숭배와 교만의 죄가 내게도 분명 이어졌을 것이다. 그런데 믿음의 어머니가 시집오셔서 아버지와 딸들이 예수님을 믿게 되었다. 아버지 집에 있는 교만의 죄를 끊기 위해 어머니가 이런저런 수고를 하신 것이다.

크고 두려우신 하나님, 긍휼을 베푸시는 하나님께 주야로 죄를 자복하고 회개하는 기도를 하려면 우리 집안에 어떤 죄가 있는지도 알아야 한다. 집안의 전통을 핑계로 내가 범하는 죄는 무엇인지 민감하게 돌아보아야 한다.

리스바의 회개

이스라엘에 3년간 기근이 있자 가뭄이 그치기를 간구하며 기도하는 다윗에게 여호와께서 사울이 기브온을 학살했기 때문이라고 하신다(삼하 21:1). 하나님은 사울의 학살에 침묵한 그 백성에게도 책임을 물으셨다. 직접적인 연관이 없어 보이는 백성이지만 장차 제사장 나라로 쓰임 받을 이스라엘이었기에 그 책임을 백성에게까지 물으셔서 3년간의 기근을 내린 것이다. 이를 속죄하기 위해 다윗은 사울의 첩 리스바에게서 태어난 두 아들과 사울의 딸 메랍에게서 난 손자 다섯을 기브온의 손에 넘겨준다(삼하 21:8).

이때 말씀 안에서 처절하게 자기 죄를 본 리스바 한 사람의 확실한 적용이 없었다면 기근은 그치지 않았을 것이다. 리스바의 회개가 없었다면 다윗의 행위는 사울 집안을 멸하기 위한 정치보복으로밖에 보이지 않았을 것이다. 그러나 용의주도하신 하나님은 그의 나라를 이루어 가기 위해 다윗에게 리스바를 붙여 회개의 길로 인도해 가셨다.

리스바는 과연 어떤 여인인가? 아야의 딸 리스바는 사울의 첩이었다. 사울이 탐하여 첩으로 둘 만큼 아름답고 매력적인 여인이었을 것이다. 그러나 그 미모 때문에 분란이 끊이지 않았다. 사무엘하 3장에 보면, 사울 왕이 죽고 가장 측근이던 군대장관 아브넬은 권세를 잡자 사울의 첩이었던 리스바를 취한다. 이 때문에 사울의 아들 이스보셋과 심각한 분쟁이 일어나고, 아브넬은 결국 사울 집안에 등을 돌리고 다윗을 따르게 된다. 사울에게 속한 이스라엘이 완전히 다윗에게 넘어가는 계기가 바로 이 리스바 때문이었다. 그녀의 매력적인 외모 때문에 나라의 운명이 바뀌고 만 것이다.

그러므로 리스바야말로 죽었어야 할 인생이었다. 남편 사울 왕의 처참한 죽음도 감당하기 힘들었을 텐데, 그녀를 사랑한 아브넬 군대장관도 결국 죽임을 당했다. 사랑했던 사람들이 죄다 죽임을 당했다. 어찌 보면 그녀 때문에 나라가 망했다고 볼 수 있다. 이 얼마나 기구한 인생인가. 그런데 그것도 모자라 그녀의 아들 둘과 외손자 다섯이 사울의 고향 기브아에서 기브온 사람들의 손에 목이 매달린 채 죽은 것이다.

신명기 21장 23절에 사람이 죄를 짓고 나무에 매달리면 해가 지기 전에 매장해야 한다고 기록되어 있다. 그럼에도 사울의 자손은 율법의 적용도 못 받아서 매장도 할 수 없는 저주 가운데 있었다. 언제 끝날지 모르는 하나님의 진노 가운데 짐승이 뜯어 먹게 내버려 두었다. 죽는 것으로 끝나는 것이 아니라, 참혹하게 매달린 채 짐승과 새들에게 뜯어 먹히는 모습을 사람들에게 그대로 보여야 했다.

리스바는 자식들의 죽음으로 고통당하는 것만도 기가 막힌데, 모든 사람이 그 참혹한 광경을 보며 손가락질하는 것까지 지켜봐야 했다. 그녀의 마음이 어떠했겠는가? 그 비참한 심정을 어찌 다 헤아리겠는가? 모든 것을 잃은 리스바는 차라리 그들을 따라 죽고 싶었을 것이다.

이러한 환경에 처한다면 대부분은 '내가 남편을 죽이고 아들을 죽였구나' 하는 죄책감으로 괴로워할 것이다. 그러나 그런 정죄감, 죄책감은 선한 것이 아니고, 가장 악하고 나쁜 것이다. 수치와 죄를 드러내는 것과는 전혀 다른 태도다.

"아야의 딸 리스바가 굵은 베를 가져다가 자기를 위하여 바위
위에 펴고"(삼하 21:10)

죽을 수밖에 없는 이 환경에서 리스바는 놀랍게도 죽음이 아
닌 생명을 택했다. 정죄감과 죄책감으로 괴로워하지 않고, 회개
의 상징인 '굵은 베'를 가져다가 '바위', 즉 반석이신 예수 그리스
도 위에 펼치고 기도했다. 자신의 수치를 드러내고 죄를 드러냈
다. 사울의 죄로 인해 그 자손들이 참혹한 대가를 치르고 있을
때 리스바가 나서서 회개의 역사를 보인 것이다.

리스바는 누구를 위하여 회개기도를 했는가? 사울을 위해서
였는가? 죽은 자손들을 위해서였는가? 손자들을 위해서였는
가? 아니다. 굵은 베를 가져다가 '자기를 위하여' 반석 위에 폈다
고 했다. 내 죄를 회개한 것이다. 그러나 이것은 결국 그들 모두
를 위한 회개기도가 되었다.

이처럼 회개기도는 자신을 위한 것이고, 자신에 대한 것이어
야 한다. 조상 때문에, 부모 자식 때문에 하는 것이 아니라 나의
죄 때문에 회개하는 것이다. 예수 그리스도의 반석 위에서 오
직 내 죄를 회개하면, 우리 집안의 죄로 인한 진노도 끊어질 수
있다.

나와 가정, 공동체를 살리는 회개기도

"곡식 베기 시작할 때부터 하늘에서 비가 시체에 쏟아지기까지 그 시체에 낮에는 공중의 새가 앉지 못하게 하고 밤에는 들짐승이 범하지 못하게 한지라"(삼하 21:10)

리스바가 자손들의 시체를 지킨 기간, 곡식 베기 시작할 때부터 하늘에서 비가 쏟아지기까지의 시간을 신학자들은 6개월 이상으로 보고 있다. 언제 끝날지 모르는 하나님의 진노 가운데서 리스바는 자기 집안의 죄와 수치를 보이며 밤낮으로 시신을 지켰다. 너무나 외롭고 비참한 시간이었을 것이다. 우리 집안의 저주 때문에 무려 6개월간이나 짐승들이 뜯어먹도록 방치해 둔 시체들 곁을 지키라고 한다면 할 수 있겠는가? 잘 꾸며진 묘지에 안장된 것도 아니고, 자식과 손자의 시체가 나무에 주렁주렁 매달린 채였다. 여자 혼자 힘으로 아무리 휘이휘이 쫓아도 독수리가 순식간에 날아와 시신을 훼손할 텐데, 그 썩어 가는 시신을 6개월 이상 지킨다는 것이 상상이 되는가? 그처럼 두렵고 황망한 환경 속에서 지속적으로 하나님을 부르며 인내하며 회개기도를 할 수 있겠는가?

그럼에도 불구하고 리스바는 인내하며 회개기도를 드렸다.

하늘에서 비가 쏟아지기까지 그 시체를 공중의 새와 들짐승들이 범하지 못하도록 지켰다. 열심히 사탄을 쫓으며 처절한 회개기도를 드렸다.

그 결과 어떻게 되었나? 그 소식이 다윗에게 전해졌다(삼하 21:11). 그저 자기 죄만 보고 통회하며 기도했더니 그 회개함이 천하만국에 알려진 것이다. 다윗에게뿐만 아니라 오늘날 우리에게까지 리스바의 회개가 전해지게 되었다.

나의 행함을 보고 다른 사람들까지 변화되는 것이 진정한 회개의 결과다. 진정한 회개기도는 나를 변화시키고 내 옆의 사람들까지 변화시킨다. 나를 살리고 모든 사람을 살린다.

리스바의 회개에 감동받은 다윗은 즉시 사울의 장례를 치러준다. 리스바 한 사람의 적용으로, 다윗이 적용을 하고, 그렇게 한 가지 한 가지 원칙대로 해 가니 "그 후에야 하나님이 그 땅을 위한 기도를 들으셨다"(삼하 21:14)고 한다.

한 초신자의 얘기다. 여섯 살 된 둘째 아들을 교통사고로 잃은 뒤 큰아들마저 군 제대 후 복학한 학교 기숙사에서 추락사로 잃고 말았다. 두 아들을 다 잃은 기가 막힌 상황에서도 고위직에 있던 그녀의 남편은 10년 넘게 바람을 피웠는데, 어느 날엔가 내리 3일 동안 술을 마시더니 급사하고 말았다. 그걸로 끝이 아니었다. 그간 남편이 경제권을 쥐고 있어서 재산이 얼마나 있는지도 몰랐는데, 남편이 죽고 나서 도리어 빚만 잔뜩 있다는 사실을 알게 되었다. 이 기가 막힌 고난 가운데, 은혜로 우리들 교회로 오게 되었다.

여러분이 이런 상황에 처한다면 남은 삶을 어떻게 헤쳐 나가겠는가? 살아낼 힘이라도 있겠는가? 무슨 기도가 되겠는가? 이런 분이야말로 리스바의 은혜가 아니면 살아갈 수가 없다. 아들이 죽고 남편이 죽었어도 내 죄를 보고 하나님 앞으로 나아가 자복하며 기도해야 한다. 그것만이 살길이다. 그녀의 회개기도만이 집안에 흐르는 저주를 끊을 수 있는 유일한 길이다. 한 사람의 회개와 적용은 모두를 살릴 수 있다. 하나님은 '그 후에' 반드시 응답하실 것이다.

자신의 불륜 때문에 첫 남편과 이혼하고, 재혼을 한 집사님이 계시다. 그분은 우리들교회에 와서야 비로소 자신이 첫 남편과 딸에게 얼마나 끔찍한 일을 행했는지 알게 되었다. 그러나 그것을 깨달았으면 자기 죄를 보고 회개의 자리로 나아가야 하는데, 문제는 재혼한 후에도 회개는커녕 남자 관계를 끊지 못했다. 그 집사님 곁에는 늘 외간 남자들이 있었다. 죄책감 때문에 예배드리기도 힘들었다. 말씀이 죄다 자신을 정죄하는 것 같아서 은혜가 되었다 말았다 했다. 그러던 어느 날 간음을 한 죄로 인해 자식이 죽고 또 자식으로부터 배반을 당한 다윗이 바로 자기 자신임을 깨닫게 되었고, 그때부터 말씀이 들리기 시작했다. 늘 곁에 남자가 있는 것이 자신이 매력적인 여자여서라고 생각했는데 그제야 자신의 음욕 때문이었음을 알았다.

집사님은 재혼한 남편에게 자신의 과거를 숨김없이 털어놓고, 목장에서도 그 사실을 공개했다. 그랬더니 남편도 과거에 전 부인과의 사이에서 있었던 죄를 고백했다. 이후 부부는 아침마다 금식하고 회개기도를 드리며 당분간 동침하지 않는 적용도 했다. 그녀는 "우슬초로 나를 정결하게 하소서"(시 51:7)라는 다윗의 기도가 너무 위대하게 여겨진다면서 "나는 죽어 마땅한 죄인이다. 내 죄가 이루 말할 수 없이 큼에도 어찌하여 그것을 다 씻어버리시고 나를 살리셨는지 할 말이 없다"고 했다.

그렇다. 이것이야말로 자신을 아는 것이다. 대학에만 들어가면, 결혼만 하면, 병만 나으면 주님 뜻대로 살겠다고 하지만 내 힘으로는 결코 그렇게 살 수 없음을 아는 것이 나를 알고 하나님을 아는 것이다. '나 행한 것 죄뿐이니' 주님이 합격시켜 주시든 떨어지게 하시든, 병을 낫게 하시든 아니든 할 말이 없는 인생임을 아는 것이 나를 제대로 아는 것이다. 그러면 내가 주님 앞에 배설물 같고, 티끌 같은 존재임을 날마다 자복할 수밖에 없다.

'나 같은 죄인'이 하나님 앞에서 더 이상 무슨 할 말이 있겠는가. 그저 내 죄를 보고 "하나님, 저를 불쌍히 여겨 주세요" 하고 기도할 수밖에 없다. 그렇게 고백하는 것이 기도 응답을 받는 비결이다.

고난을 당해도 해석을 잘하고, 내 죄를 보고 회개기도에 매달리면 나를 살리고, 집안을 살리고, 이웃을 변화시킬 수 있다. 그래서 고난이 축복이다. 하나님을 믿고, 하나님께 매달리는 자가 하나님의 집을 세운다. 무너진 내 자녀가 세워지고, 가정과 교회가 세워진다.

우아하고 교양 있게 살고 싶고, 내 기준에 맞는 삶만큼은 포기할 수 없기에, "나는 절대로 죄가 없다"며 내 의를 하늘같이 뽐내고 있진 않은가? 나의 위선과 정직하지 못한 죄성이 내 식구, 내 공동체를 황폐하게 만들 수 있다. 내 죄를 알고 회개기도로 주님께 나아가야 정결하신 주님의 보혈이 나를 씻어 주실 것이다.

히스기야의 고난과 회개기도

열왕기하 19장에는 절체절명의 고난 가운데 히스기야가 하나님께 어떻게 기도했는지, 그래서 어떻게 응답받았는지가 기록되어 있다.

당시의 시대적 배경은 남유다의 형제 나라인 북이스라엘이 앗수르에 멸망하고, 앗수르가 그 여세를 몰아서 유다로 쳐들어

왔을 때다(왕하 18:13). 앗수르의 전공을 새겨 놓은 기록에는 "유다의 46개 성읍을 다 파괴하고 정복하고 빼앗았다"고 되어 있다.

나라가 멸망하기 직전, 마지막 예루살렘 성읍 하나만 달랑 남겨 놓은 위기 상황에서 히스기야는 하나님의 능력을 믿고 기도했다. 그리고 응답을 받았다. 과연 히스기야는 어떻게 기도했을까?

그는 먼저 옷을 찢고 굵은 베를 두르고 여호와의 전에 들어갔다(왕하 19:1). 옷을 찢고 굵은 베를 둘렀다는 것은 회개를 했다는 뜻이다. 히스기야는 자신으로 인해 하나님이 너무 모독을 당했기에 하나님 앞으로 나아가기에 앞서 굵은 베를 두르는 적용을 했다. 회개부터 한 것이다. 앗수르 왕이 쳐들어온 것은 유다의 죄로 비롯된 것이었다. 조공을 바쳐 가며 하나님보다 앗수르를 더 섬겼기 때문이다.

회개기도를 하고 여호와의 전에 들어간 히스기야는 궁내 대신들과 장로들에게도 굵은 베를 둘려서 아모스의 아들 선지자 이사야에게로 보냈다. "오늘은 환난과 징벌과 모욕의 날이라 아이를 낳을 때가 되었으나 해산할 힘이 없도다"(왕하 19:3)라는 말을 전하고 '남아 있는 자들을 위하여' 기도해 주기를 부탁했다.

예루살렘은 포위당하고, 애굽의 원조도 없고, 자체적인 방어 능력도 없었기에 히스기야는 앗수르로부터 공격당한 이 날이 환난과 징벌과 모욕의 날임을 스스로 인정했다. 자기와 유다의 죄를 보았기에 하나님의 징벌을 받아들였다. 그리고 "해산할 힘이 없다. 산모와 아기가 다 위태롭게 됐다"며 자신의 무능함을 인정했다. "저놈의 앗수르가 왜 쳐들어오나! 나는 열심히 잘 살아 보려 하는데 앗수르 때문에 살 수가 없다" 하며 환경을 탓하고 남을 탓한 것이 아니라 "잘 좀 살아 보려 했지만 나는 아무런 능력이 없다. 내가 믿음이 부족해서 하나님의 이름을 더럽혔다" 하고 자신의 부족함과 죄를 자복한 것이다.

히스기야는 유다로 쳐들어온 앗수르 왕 산혜립이 "네가 믿는 하나님의 말에 속지 말라"며 하나님을 조롱하는 서신을 보냈을 때도 여호와의 전에 올라가서 그 편지를 펼쳐 놓고 기도했다. 힘들고 두려운 일이 있으면 히스기야는 사람이 아니라 하나님을 찾아갔다. 사람을 의지하지 않고 하나님을 의지했다.

그리고 히스기야는 "그룹들 위에 계신 이스라엘의 하나님 여호와여 주는 천하 만국에 홀로 하나님이시라 주께서 천지를 만드셨나이다"(왕하 19:15) 하고 고백했다.

기도할 때는 무엇보다 하나님에 대해서 알아야 한다. 그렇다면 히스기야의 하나님은 과연 어떤 분이신가? 히스기야는 "나의 하나님, 나만의 하나님, 야곱의 하나님"이 아니고 "그룹들 위에 계신 이스라엘의 하나님"이라고 고백했다. 하나님은 아무리 형편없는 인생을 살았어도 나를 변화시켜 이스라엘이 되게 하시는 분이다. 천하만국에 홀로 하나님이시며 천지를 조성한 전지전능하신 분이다.

히스기야가 하나님에 대해 제대로 알지도 못하고 그저 "비나이다, 비나이다" 했다면 하나님께서 과연 기도에 응답하셨을까? 하나님이 어떤 분인지도 모르고 기도한다는 것은, 잘 알지도 못하는 사람에게 뭘 그냥 달라고 하는 것과 마찬가지다. 성경을 모르면서 무조건 기도해 봐야 아무 소용이 없다.

뿐만 아니라 히스기야는 "여호와여 귀를 기울여 들으소서 여호와여 눈을 떠서 보시옵소서 산헤립이 살아 계신 하나님을 비방하러 보낸 말을 들으시옵소서"(왕하 19:16) 하고 간절히 기도했다. 귀를 지으셨기에 귀 기울여 들으시는 하나님, 눈을 지으셨기에 눈을 떠서 우리의 고통을 보실 수 있는 하나님임을 히스기야는 그 누구보다 잘 알았기에 간절히 기도할 수 있었다.

고난만큼 기도를 간절하게 만드는 힘은 없다. 히스기야의 고난을 생각해 보라. 아버지 아하스의 악 때문에 힘들었을 것이고, 그로 인해 망가진 나라를 개혁하느라 또 힘들었을 텐데 상을 받기는커녕 앗수르 산헤립 왕으로부터 조롱을 당했다. 성전 기물에 입혔던 금까지 다 벗겨서 뇌물로 바치는 수모도 겪었다. 그럼에도 어쩔 수 없는 자신의 연약함 때문에 더욱 힘들었을 것이다.

그러나 그의 고난은 거기서 끝나지 않았다. 18만 5천 명이나 되는 앗수르의 군사에 의해 침략까지 당했다. "말씀대로 했더니 붙었더라, 말씀대로 했더니 나았더라" 해야 하는데, 말씀대로 행함에도 되는 것이 없었다. 말씀대로 행했는데 적이 쳐들어 오고, 말씀대로 적용하고 개혁했는데 오히려 죽을 일만 생겼다.

도대체 히스기야 같은 성군에게 왜 이런 고난이 닥치는가? 믿음의 수준이 높은 만큼 수준 높은 고난이 주어진다. 그러나 하나님께 택함 받은 사람은 어떤 고난이 와도 절대로 딴 길로 가지 않는다. "하나님, 제가 연약하기에 무너졌습니다" 하고 성전으로 나아간다. 내 수치와 조롱받은 것 다 가지고 나아가 "하나님, 저 무너졌습니다. 저 도와주셔야 합니다" 하고 자복한다. 형편 없는 자신을 직시하고 하나님께 아뢰는 것이 진정한 회개의 태도다.

하나님 앞에서는 그렇게 회개하며 기도한 히스기야였지만 그는 결코 세상 세력을 두려워하지 않았다. 앗수르 왕이 주변 국가를 다 물리쳤지만, 그들이 이긴 것은 "신이 아니고 사람의 손으로 만든 것 곧 나무와 돌뿐"이라고 했다(왕하 19:17-18). 세상이 세상을 멸망시킨 것이므로 히스기야는 두려워하지 않았다. 하나님을 이긴 것이 아니니 그리 두려워할 일이 아니라는 것이다.

세상 것을 두려워하면 기도할 수 없다. 나는 지금 무엇이 두려운가? 내 두려움의 근본은 무엇인가? 돈 때문인가? 자식 때문인가? 질병 때문인가? 그러나 내 속의 욕심만큼 두렵고 무서운 앗수르는 없다. 돈이 없어도, 자식이 대학에 떨어져도, 병에 걸려도 다 내 욕심 때문에 힘든 것이다. 하나님의 무한한 능력이 믿기지 않기에 인생이 두렵고 떨리는 것이다. 그런 두려움에 사로잡혀 있으면 하나님 앞에서 기도가 되지 않는다. 기도를 한다 해도 힘이 없다.

하지만 히스기야는 고난 가운데서도 세상 세력을 두려워하지 않고, 오직 전지전능하신 하나님을 믿고 기도했기에 응답을 받았다. "네가 앗수르 왕 산헤립 '때문에' 내게 기도하는 것을 내가 들었노라" 하셨다. 고난 '때문에' 기도했기에 하나님께서 들으셨다는 것이다.

결국 하나님은 앗수르가 '하나님의 성전에 이르지도 못하고, 화살을 쏘지도 못하고, 방패를 세우지도 못하고, 토성을 쌓지도 못하게' 하시며 18만 5천 명의 군사를 하루아침에 송장으로 만드셨다. 주변의 열국을 죄다 무릎 아래 꿇린 앗수르였지만 하나님이 지켜 주신 유다만은 감히 넘보지 못했다.

그러나 히스기야의 고난은 여기서 끝나지 않았다. 앗수르가 물러가고, 산헤립 왕은 죽었지만 그에겐 또 다른 고난이 닥쳤다. 병이 들어 죽게 된 것이다(왕하 20:1). 잠시 쉴 틈도 없이, 여호와의 축복을 누릴 겨를도 없이 왜 이렇게 어처구니없는 일이 자꾸 일어나는 것일까?

히스기야가 어떤 사람인가. 열왕기하 18장 5-7절 말씀을 보자.

> "히스기야가 이스라엘 하나님 여호와를 의지하였는데 그의 전후 유다 여러 왕 중에 그러한 자가 없었으니 곧 그가 여호와께 연합하여 그에게서 떠나지 아니하고 여호와께서 모세에게 명령하신 계명을 지켰더라 여호와께서 그와 함께 하시매 그가 어디로 가든지 형통하였더라 저가 앗수르 왕을 배반하고 섬기지 아니하였고"

이렇듯 히스기야는 하나님의 말씀으로 기록된 성경이 극찬한 인물이다. 그런 그에게 왜 이런 고난이 끊이지 않는 것일까?

이사야서 1장에 그 이유가 매우 상세히 나온다. 히스기야의 노력에도 불구하고 유다 백성이 전혀 달라지지 않았기 때문이다. 하나님의 양육을 받고도 하나님을 거역했고, 말씀을 깨닫지 못했다(사 1:2-3). 그래서 '범죄한 나라요 허물 진 백성이요 행악의 종자요 행위가 부패한 자식으로 여호와를 버렸고, 매를 더

맞으려고 패역을 거듭했다'는 책망을 받았다(사 1:4-5). 종교개혁의 결과가 너무 형편없었기에 히스기야가 그 십자가를 질 수밖에 없었던 것이다.

죽을병에 걸린 히스기야는 벽을 보고 기도하며 통곡을 한다. 왜 그렇게 통곡했을까? 죽는 게 너무 속상해서 울었을까? 힘들게 개혁했으나 이뤄진 것이 없으니 자신의 무능함에 통탄하지 않았을까? 그런 회개함이 있었기에 하나님께서는 "내가 네 기도를 들었고 네 눈물을 보았노라"(왕하 20:5) 하면서 15년의 삶을 더 허락하셨다.

여기서 히스기야의 고난이 끝났을까? 아니다. "히스기야가 마음이 교만하여 그 받은 은혜를 보답하지 아니하므로 진노가 유다와 예루살렘에 내리게 되었더니"(대하 32:25)라고 한다. 그나마 히스기야가 마음의 교만함을 뉘우치고 회개함으로 온 유다 백성까지 돌이켜서 히스기야 당대에는 재앙을 내리지 않았지만, 그 교만에 대한 진노는 아들 므낫세에게 전해진다. 선한 히스기야 왕의 아들 므낫세가 둘도 없는 악한 왕이 된 것이다.

히스기야처럼 불쌍한 사람도 없다. 아버지 아하스가 저지른 온갖 악행을 십자가로 짊어지고 최고의 성군이 되었는데, 그 아들이 다시 더 악한 왕이 되었다. 하나님의 일은 참 알 수가 없다. 우리에게 왜 이런 고난이 주어지는지 우리의 지식과 지혜로는 도저히 이해할 수 없을 때가 있다. 그러니 그저 하나님 앞에 자복하며 기도할 수밖에 없다.

내 죄를 자복해야 한다

히스기야를 지켜 주신 것처럼 하나님은 30대 후반에 혼자가 된 내 인생도 전적으로 지켜 주셨다. 날마다 영적 전쟁을 치러도 내 죄를 자복하고 나아가니 사탄이 한 길로 왔다가 일곱 길로 물러갔다.

나는 4대째 모태신앙인으로 매주 교회에 나가 반주자로 봉사하다가 장로님, 권사님 댁 며느리로 시집을 갔다. 그런데 장로님, 권사님 아들이어도 믿음이 없던 남편과 살림이 우상이신 시어머니 밑에서 5년여 시집살이를 하면서 비로소 주님을 만났다. 그제야 내 자신이 깨어졌다. 명문대 학벌과 피아노 실력, 내 교양으로는 그 어떤 문제도 해결할 수 없었다. 도리어 그 교양 때문에 위염과 편두통을 비롯한 온갖 병에 찌들어 가고 있었다.

그런 고난의 시집살이 덕분에 주님을 만나고 나니 그동안 하나님 뜻대로 살지 못한 것이 너무 죄송했다. "대학에 합격시켜 주시면 주의 일을 하겠다"고 서원기도를 하고는 대학에 진학한 후 그 맹세는 까마득히 잊어버리고 피아노로 성공하고 싶은 야망을 좇아 산 것이 한없이 부끄러웠다. 그래서 성경공부 모임, 구역 모임, 큐티 모임을 하는 자리와 내가 전도하는 사람들에게 내 수치를 드러내기 시작했다. 하나님 앞에서 나는 배설물 같고 티끌보다 못한 존재라는 것, 내 지식과 교양으로는 남편과 시어머니를 사랑할 수도 섬길 수도 없다는 것을 단 위에 올라서서 자복하게 되었다. 목사가 된 지금도 여전하다. 예배 때마다 강단에 올라서면 아직도 되었다 함이 없는 내 모습을 자복하고 있다.

이스라엘 자손들이 금식하며 굵은 베옷을 입고 자기 죄와 조상의 허물을 자복할 때 레위 사람 몇은 단에 올라서서 큰 소리로 부르짖었다(느 9:1-4). 골방에서 혼자 고백하는 것이 아니라 단 위에 올라서서 모든 사람에게 나의 부족함을 드러내며 오직 하나님만이 구원이심을 부르짖었다. 지도자는 그렇게 해서 다른 사람을 자복으로 이끌 수 있어야 한다.

만인 제사장 시대에 예수 믿는 우리는 모두가 레위 사람이고, 단에 올라선 인생을 사는 영적 지도자다. 그런 우리가 단 위에 올라서서 자복할 때 우리를 향해 손가락질하는 사람이 있을지라도, 우리는 하나님께서 지도자로 세우신 인생이기에 날마다 단 위에 올라서야 한다.

예수님을 믿는 우리는 공인이다. 어느 자리에서도 빛으로 드러나는 인생이다. 숨을 수가 없다. 나의 연약함과 부끄러움으로 예수님을 만났다면 그것은 부끄러운 일이 아니라 자랑스러운 약재료다. 내 수치와 고난을 약재료로 쓰지 않고 부끄러워만 하는 사람은 세상에서 빛과 소금의 역할을 감당할 수 없다.

나는 내가 하나님 앞에서 배설물 같고 티끌보다 못하다는 자각이 있었기에 내 죄를 드러낼 수 있었다. 그것 때문에 누가 나를 무시한다고 해도 감당할 믿음이 있었다. 그 때문에 누가 나를 비인격적으로 대한다고 해도, 그보다 내가 더 죄인이라는 깨달음이 있었기에 내 죄와 수치를 고백할 수 있었다.

목사로서 예배 때마다 단에 올라서서 자복했더니 목자들도 목장예배 때마다 단 위에 올라서서 자기 죄를 자복했다. 그렇다고 목원들이 목자를 무시하지 않았다. 도리어 목자를 존경하고 따랐다. 자기 욕심과 가증함을 내어 놓고 단 위에 올라서서 자복하면 손가락질 받는 것이 아니라 오히려 존경을 받게 된다.

학벌과 지위와 권세로 하나님께 영광을 돌릴 수 있을 것 같지만 전혀 그렇지 않다. 일이 잘되건 못 되건, 어떤 상황에서도 나는 죄인이고 하나님은 100프로 옳으심을 선포하는 것이 자복하는 기도의 본질이며 하나님은 그런 기도를 들으신다.

하나님을 알아야 자복할 수 있다

영원부터 영원까지 계신 하나님, 영화롭고 존귀한 이름을 가지신 하나님, 모든 이름 위에 뛰어나신 하나님. 우리는 이 하나님을 알아야 자복하는 기도를 할 수 있다.

이 세상에 영원한 것은 없다. 오직 하나님만이 영원하시다. 영원부터 영원까지 계신 그 하나님께서 내 삶을 주관하신다. 남편, 자녀, 돈이 내 삶을 지켜 주는 것이 아니다.

하나님은 "스스로 있는 자"(출 3:14)이시다. 예수님은 "빛"(요 1:9)이요, "생명의 떡"(요 6:35)이요, "길이요 진리요 생명"(요 14:6)이시다. '염려, 낙망, 근심'이 아니시다. 사탄의 영역인 염려와 근심은 영원히 머무르지 못한다. 어떤 큰 고통도 지나가 버린다. 영원히 존재하는 것은 오직 주님뿐이다. 지나가 버릴 환경에 낙망하지 말고, 결코 사라지지 않으시는 주님, 영원부터 영원까지 존재하시는 주님을 송축해야 한다. 존귀하신 주의 이름을 송축하지 않고, 지나가 버릴 염려와 근심을 묵상하고 있다면 그것을 자복해야 한다. 하나님을 찬양하지 못하게 막는 내 속의 염려와 근심을 자복하는 것이 바로 하나님을 높이는 송축과 찬양이다.

천지 만물을 창조하신 하나님, 경배의 대상이신 하나님의 영원하신 능력과 신성은 온 우주 만물을 통해 나타나 있다. 작은 꽃 한 송이에도 하나님의 능력과 신성이 나타나 있다. 그러므로 이 세상을 사는 사람이라면 하나님을 모른다고 핑계할 수 없다.

어느 날, 무척 가까이 지내던 사람이 재벌 회장이라는 걸 뒤늦게 알게 된다면 놀라지 않겠는가? "알고 보니 저 사람이 아무개 대기업 총수래! 능력 있는 장관이래!" 이 소리를 듣고 놀라지 않을 사람은 없을 것이다. 그런데 "그래? 그 사람이 회장이건 장관이건 나랑 무슨 상관이야?" 하면서 외면한다면 그 사람이 베푸는 능력을 누릴 수 없다. 마찬가지다. 하나님을 알아야 그분의 영원하신 능력과 신성을 누릴 수 있다. 나를 지으신 주님이 나를 보존하시는 줄 믿고 인정할 때 내가 티끌보다 못한 존재임을 자복하며 주님을 경배할 수 있는 것이다.

느헤미야가 개혁을 외칠 때 이스라엘 백성은 낮 시간의 4분의 1인 3시간은 말씀을 낭독하고, 또 낮 시간의 4분의 1인 3시간은 죄를 자복했다(느 9:3).

"그러므로 율법의 행위로 그의 앞에 의롭다 하심을 얻을 육체가 없나니 율법으로는 죄를 깨달음이니라"(롬 3:20)

말씀이 지루하지 않고 재미있는 이유는 말씀으로 내 죄를 깨닫게 되기 때문이다. 말씀을 보면 볼수록 죄인 된 나의 실상을 알게 되고 그래서 날마다 자복하며 하나님 앞에 엎드려 기도하게 된다.

오늘 말씀을 보고 죄를 깨달아서 자복했는데, 내일 또 말씀을 보면 새롭게 자복할 죄가 생각난다. 천국 가는 그날까지 날마다 말씀을 보고 죄를 자복하는 것이 그리스도인의 삶이다. 이것이 하나님 여호와를 경배하는 인생이다.

"이것만 해 주시면, 저것만 해 주시면" 하고 떼를 부리는 기도를 할 때가 많다. 그런 부족한 기도에도 하나님께서 응답하고 이루어 주시지만 그것이 전부가 아님을 하루빨리 깨달아야 한다. 돈이 생기고 병이 나아서 기쁜 것보다, 돈과 건강을 주셔도 하나님 뜻대로 살지 못하는 내 자신이 티끌보다 못한 인생임을 깨닫는 것이 더 큰 기쁨이다. 그러므로 오늘도 나 같은 죄인 살리신 주님의 은혜를 생각하며 내 죄를 자복하는 인생이 되어야 한다. 날마다 약속의 말씀을 붙잡고 그 말씀에 순종하며 자복하는 삶을 살아야 한다.

자복하며 드리는 회개기도

하나님 아버지, 우아하고 교양 있게 살고 싶었습니다. '나는 결코 죄를 짓지 않았다'면서 평생을 의인으로 살아왔습니다. 내 의를 하늘같이 뽐냈습니다. 그 위선과 정직하지 못한 죄성이 제 식구들을 괴롭히고, 공동체를 황폐하게 만들었습니다. 사건이 일어나도 하나님의 음성이 잘 들리지 않습니다. 제 눈의 들보를 보지 못하고 날마다 다른 사람의 티만 보는 제가 얼마나 두려운지 모르겠습니다. 무엇이 옳은지 분별이 참 안 됩니다. 여전히 돈 때문에, 자식 때문에, 질병 때문에, 욕심 때문에 힘이 듭니다. 하나님의 무한한 능력이 믿기지 않기에 인생이 두렵고 떨립니다. 그래서 날마다 불쌍히 여겨 달라는 기도를 할 수밖에 없습니다.

주님, 불쌍히 여겨 주시고 저를 붙잡아 주옵소서. 이제라도 제 안에 선한 것이 없고, 아무것도 할 수 없는 저의 무능함을 깨닫기 원합니다. 주님 앞에 배설물 같고, 티끌보다 못한 인생임을 깨달을 수 있기 원합니다. 저 같은 죄인이 하나님 앞에서 더 이상 무슨 할 말이 있겠습니까. 그저 저의 죄만 보고 "저를 불쌍히 여기소서" 하며 날마다 자복하기를 원합니다. 오늘도 '나 같은 죄인 살리신 주님의 은혜'를 생각하며 내 죄를 자복하는 인생이 되길 원합니다. 날마다 약속의 말씀을 붙잡고 그 말씀에 순종하며 자복하는 삶을 살기 원합니다. 내 죄를 고백하고 회개하며 주님 앞으로 나아갈 때 저의 기도에 귀 기울여 주옵소서.

내 죄뿐 아니라 조상의 죄까지도 회개하고, 오늘도 두루마기를 빠는 적용을 하며 살아갈 수 있도록 인도해 주옵소서. 오늘 말씀을 보고 죄를 깨달아서 자복해도, 내일 또 말씀을 보면 새롭게 자복할 죄가 생각나고, 천국 가는 그날까지 날마다 말씀을 보고 죄를 자복하는 인생이 될 수 있도록 붙잡아 주옵소서. 진정한 회개를 통해 나도 살고 남도 살리는 인생이 될 수 있도록 믿음을 허락하옵소서. 예수님의 이름으로 기도합니다. 아멘.

_____ 　내 마음 들여다보기

Q 하나님 앞에서 내 죄를 고백하고 회개기도를 드린 적이 있습니까? 내 죄는 무엇입니까? 집안의 전통을 핑계로 내가 범하고 있는 죄는 없습니까? 공동체에서 내 죄를 오픈하고 자복하는 것이 부끄럽습니까? 하나님 앞에서 "나를 불쌍히 여기소서"라고 외치며 기도한 적이 있습니까? 나는 무엇 때문에 하나님 앞에서 불쌍한 존재입니까?

Q 죽고 싶을 정도로 치욕적인 수치를 당한 적이 있습니까? 그 수치의 사건이 내 거룩을 위하여 반드시 있어야 할 사건이었음을 인정합니까? 지금은 그 수치를 드러내고 삽니까, 여전히 숨긴 채 살고 있습니까? 그 죄에서 자유케 해 달라고 기도합니까?

Q 구원받지 못한 가족과 이웃을 위해 내가 자복해야 할 죄는 무엇입니까? 나의 회개가 다른 사람들의 회개를 불러일으킨 적이 있습니까? 회개함으로 기도 응답을 받은 적이 있습니까? 회개를 해도 여전히 되었다 함이 없는 것은 무엇입니까?

Q 지금 가장 두려워하는 것은 무엇입니까? 그 두려움을 극복하기 위해 어떤 노력을 기울이고 있습니까? 그 문제를 놓고 기도하고 있습니까? 기도했다면 어떤 응답을 받았습니까? 그 두려움이 내 욕심에서 비롯된 것임을 깨달았습니까? 그 깨달음이 기도 응답임을 인정합니까?

04

"서원합니다!"

하나님나라의 영광을 위한
서원기도

고통 가운데 드린 한나의 서원

"그(엘가나)에게 두 아내가 있었으니 한 사람의 이름은 한나요 한 사람의 이름은 브닌나라 브닌나에게는 자식이 있고 한나에게는 자식이 없었더라"(삼상 1:2)

한나의 남편 엘가나의 이름에는 '하나님은 소유하셨다(얻으셨다)'라는 뜻이 있다. 한나는 '풍성한 은혜'라는 뜻이고, 브닌나는

'진주'라는 뜻이다. 엘가나와 한나의 이름 뜻을 조합하면 '하나님의 은혜가 풍성하다'는 것인데, 굳이 여기에 '진주'(브닌나)가 왜 필요했을까? 더군다나 엘가나가 어떤 사람인가? 사무엘상 1장 3절을 보면, 그는 매년 자기 성읍에서 나와 실로에 올라가서 만군의 여호와께 예배하고 제사를 드린 사람이다. 이렇게 경건한 사람이 첩을 얻어 자식까지 얻었다고 한다. 한나에게서 자식을 얻지 못했기 때문이다.

그러므로 한나는 여간 고통스럽지 않았다. 그렇잖아도 제사장 엘리의 두 아들이 성전에서 봉사하는 것을 볼 때마다 부러웠을 한나였다. 비록 그 아들들이 성전에서 해선 안 될 짓을 저지른 타락한 아들들이라 하더라도 아들이 없는 한나로선 부러웠을 것이다. 그런데 남편이 급기야 첩을 얻어서 자식들을, 그것도 '여럿'이나 낳았다. 엘가나가 제사 드리는 날 재물의 분깃을 브닌나와 '모든 자녀'에게 주었다 하니 브닌나가 낳은 자녀는 한둘이 아니었던 모양이다.

그런데도 여호와께서는 한나에게 임신조차 하지 못하게 하셨다. 비록 남편으로부터 재물의 분깃을 갑절이나 받았다고는 하지만, 아무리 경건한 남편의 사랑을 받았어도 하나님께서 임신하지 못하게 하심으로 큰 고통 가운데 있었다. 더구나 브닌나는 한나를 몹시 격분시켰다.

남편 엘가나가 "어찌하여 울며 어찌하여 먹지 아니하며 어찌하여 그대의 마음이 슬프냐 내가 그대에게 열 아들보다 낫지 아니하냐"(삼상 1:8) 하고 위로해도 소용없었다. 그 어떤 말로도 위로가 되지 않았다. 자녀로 인해 심히 격분하게 되었으니 자녀가 아니면 그 고통을 해결할 수 없었다. 자녀를 가지고 싶은 소원이 너무나 간절했다.

아들이 없어 고통 가운데 있던 한나는 급기야 "아들을 주시면 내가 그의 평생에 그를 여호와께 드리"(삼상 1:11)겠다고 서원 기도를 했다.

하나님께서 만일 한나의 임신을 막으신 거라면 하나님만이 이 문제를 해결하실 수 있다. 내가 할 수 있는 것은 아무것도 없다. 하나님이 풀어야 해결되는 문제다.

그런데 사실 이런 문제라면 오히려 해결하기 쉽다. 하나님께 그 문제를 가져가기만 하면 되기 때문이다. 그런 점에서 보면 한나의 고통은 너무나 해결하기 쉬운 고통이었다. 하나님께서 임신하지 못하게 하셨으므로 '아, 이것은 하나님의 문제구나' 하고 하나님께 가져가면 되었다. 그리고 한나의 고통은 하나님께 나아가 진정성 있는 기도를 하는 출발점이 될 것이므로 결국 축복이 되는 고통이었다.

한나는 자신의 문제를 어디 가서 해결해야 할지를 알았다.

'하나님 앞으로 나아가' 통곡하며 서원한 것은 이 때문이었다.

결혼을 하면 사랑하는 사람의 아기를 낳고 싶은 것이 당연하다. 마찬가지로 주님을 사랑한다면 주님의 아기, 주님의 자녀를 갖고 싶은 소원이 있어야 한다. 아기를 낳지 못해서 무시받는 고통을 해결해 달라고 기도하던 한나의 기도도 처음엔 그저 육적인 것에서 그치지 않았다. 애초엔 육적인 자녀를 원했지만, 기도하는 과정에서 영적인 후사를 간절히 바라는 소원으로 바뀌게 되었다. 괴로움과 환난을 통해 인내와 연단을 받았기 때문에 그 기도가 영적으로 승화된 것이다.

하나님과 화평을 이루기 위해서 환난은 인내를 배우게 하고 연단을 받아서 소망으로 나아가게 한다(롬 5:3-4). 환난을 통해 연단을 받고 내 죄를 보지 않으면 그 소망이 하나님께로 가지 않는다. 그러니까 최고의 소망은 뼛속 깊이 나는 죄인이라는 것, 내 죄를 보는 것이다. 내 죄가 보일수록 나의 모든 것을 하나님께 드릴 수 있다.

내 죄란 어떤 거창한 집회를 가서야 보게 되는 것이 아니다. 한나처럼 첩의 질투를 오래 받다 보면 내 죄를 보고 내 인생을 내려놓게 되는 것이다. 누군가가 괴롭히지 않으면 나를 돌아보지 않는다. 예수 잘 믿는다 해도 매일 돌부리에 걸려 넘어지는 사건들을 통해 나를 바라봐야 돌이키게 되고 내려놓게 된다.

서원기도는 아무나 하는 것이 아니지만, 한나의 기도야말로 진정한 서원기도가 아닐까 한다. 그렇게 "아들, 아들" 했지만, 그 아들은 결국 주님의 것이라는 기도가 한나의 입에서 터져 나왔다.

"하나님, 이 괴로움을 해결해 주시면 아들을 주님께 드리겠습니다."

너무 괴로운 나머지 하나님과 빅딜을 한 것이다. 환난을 통해 내가 뼛속 깊이 죄인이라는 것을 깨달았는데 무엇을 못 드리겠는가? 그러나 정작 문제는 육적인 서원만 했음에도 공부를 잘하고 사업도 잘되는 것이다. 그렇게 되면 그 서원이 영적 서원인지 육적 서원인지 자기도 헷갈리게 된다. 육적인 서원대로 모든 것이 잘 풀리기만 하면 영적으로는 오히려 큰 해가 될 수도 있다. 이것이 바로 나도 속고 남도 속는 믿음이다.

자녀를 주시면 하나님나라와 공동체를 위해 더욱 충성하겠노라고 서원한 한 집사님이 10년 만에 아들을 낳게 되었다. 그런데 아들을 얻고 나서 하는 말이 "하나님이 안 믿어진다"는 것이다.

학력도, 재력도 남부러울 게 없고, 목자 직분으로 공동체도 잘 섬기던 분이었다. 고난이라고는 자식 없는 것이 유일했다. 그것이 인생의 기도 제목이라 하나님께 매달려 기도했는데, 자식을 얻고 나니까 충성은커녕 하나님이 안 믿어진다는 충격적인 고백을 한 것이다. 이로써 그의 서원기도가 결국 영적이지 못했다는 것이 드러났다. 그 집사님은 육적인 후사를 원했지 영적 후사를 원한 게 아니었던 것이다. 하나님 자체가 상급이 안 되니 그럴 수밖에 없다. 우리는 어떤가? 이 집사님처럼 10년의 서원기도 끝에 아이를 얻어도 '내가 언제 그랬냐'는 듯 등을 돌리고, 믿음의 바닥을 드러낼 수 있다.

그럼에도 워낙 이분이 모범생이라 교회는 열심히 오신다. 또 그런 자신의 모습을 감추지 않고 "나는 안 믿어진다"고 매일 자신의 부족함을 솔직하게 고백한다. 나는 그 집사님이 언젠가는 스스로 서원한 대로 하나님나라와 공동체를 위해 더욱 충성하는 지체가 될 줄 믿는다.

나는 한때 남편의 구원을 위해 생명을 내놓았다. "돈을 주시면 얼마를 드리겠습니다, 아들 합격만 시켜 주시면 내가 주의 일을 하겠습니다" 하는 정도가 아니라 "남편을 구원해 주시면 내 생명을 드리겠습니다" 하고 서원한 것이다. 이것보다 더 무서운 서원기도가 어디 있겠는가? 정말 무시무시한 서원기도를 한 것이다.

그런데 그때부터 내가 뼛속 깊이 죄인이라는 것이 깨달아졌다. 애초에 나는 남편이 바깥출입을 못 하게 할 뿐 아니라 사사건건 제재를 해서 남편이 예수를 믿으면 내가 좀 편해질까 싶어서 남편 구원을 구했다. 남편 구원이 목적이 아니라 내가 편해지는 것이 목적이었던 것이다. 이것이 깨달아지니 그때부터 비로소 구원 자체가 상급이 되었다. 하나님 자체가 상급이 되었다. 나 하나 편하기 위해서가 아니라 하나님 때문에, 남편 때문에 구원이 되어야 하는 것으로 바뀌었다. '내 생명 가져가셔도 좋다, 평생 주를 위해서 살겠다'고 영적인 기도를 하게 된 것이다.

나는 '내 생명을 하나님께서 거두어 가셔도 영광이다'는 마음으로 서원기도를 했지만, 그렇게 서원한다고 금세 응답되는가? 남편이 당장 구원되는가? 그러니까 통곡을 했다. 그러다 지쳐 침묵기도를 하고 급기야 신음기도를 했다. 너무 기가 막히니 소리도 나오지 않았다. 주님 이름만 불러도 눈물이 앞을 가렸다. 그저 "주님, 나 아시죠" 하면 눈물부터 쏟아졌다. 그러나 굳이 하나님과 말하지 않아도 하나님과 통하는 것이 있었다.

그렇게 통곡으로 기도할 때가 있고 침묵으로, 신음으로 기도할 때가 있다. 한나의 기도가 그랬다. 통곡하다가 울다가 중얼거리다가 아무 말도 하지 않는 한나를 보고 엘리 제사장이 '저 여자가 돌았구나, 술 취했구나' 생각했다.

"나는 마음이 슬픈 여자라 포도주나 독주를 마신 것이 아니요

여호와 앞에 내 심정을 통한 것뿐이오니… 원통함과 격분됨
이 많기 때문이니이다"(삼상 1:15-16)

오해와 비난을 받았지만 한나는 자제력을 잃지 않고 엘리 제
사장에게 자신의 사정을 설명했다. 통곡하고 신음하는 기도를
통해 하나님과 통하니 두려울 것이 없었다. 그 간절한 기도로
"이스라엘의 하나님이 네가 기도하여 구한 것을 허락하시기를
원하노라"(17절) 하는 축복을 받아 냈다.

한나는 남편의 사랑을 지극히 받았지만 영적 자녀를 낳지 못
해 죽을 것만 같던 인생이었다. 나 역시 남편이 육적으로 다 갖
춘 사람이었지만 그가 영적 자녀가 아니라는 사실 때문에 죽을
것만 같았다. "남편이 의사에다 돈도 잘 벌어다 주는데 뭐가 그
리 고난이었냐?"고 묻겠지만, 이름도 없이 빛도 없이 쌓인 기도
가 있어서 그런지 남편이 구원받지 못한 것 때문에 죽을 것만 같
았다. 오죽하면 "나를 데려가셔서라도 남편을 구원해 달라"며
생명을 내놓는 서원기도를 했겠는가?

내가 구속사를 알게 된 것도 이런 고난을 통해서였다. 나같이
비천한 여인도 룻과 다말처럼 구속사에 찬란히 올라간다는 것
을 알았다. 그래서 감사했지만 여전히 무시당하고 격동을 당했
기에 하나님 앞에서 날마다 통곡했다. 그 기도로 남편이 구원되

자 내 얼굴에 수심이 사라졌다. 지금 남편이 살아 있어도 구원받지 못했다면 수색이 가득했을 텐데, 지금 그 사람이 내 곁에 없어도 구원받고 천국으로 갔기에 수색이 없어졌다.

이처럼 하나님은 고통 가운데서 드리는 한 사람의 서원기도, '평생을 여호와께 드리기'로 서원하는 기도는 결코 멸시하지 않으신다.

헛맹세가 된 야곱의 서원기도

장자권을 빼앗긴 형 에서의 복수가 두려워 도망자 신세가 된 야곱이 벧엘에서 돌베개를 베고 잠을 자고 있을 때 하나님은 그에게 놀라운 꿈을 보여 주신다(창 28:12-15).

졸지에 도망자가 되어 오갈 데 없는 그에게 하나님은 영원한 기업이 되는 땅을 줄 뿐만 아니라, "모든 족속이 너와 네 자손으로 말미암아 복을 받으리라"(14절)고 축복하신다. 그뿐 아니라 "네게 허락한 것을 다 이루기까지 너를 떠나지 아니하리라"(15절)면서 영원히 함께하시겠다는 언약을 주셨다.

깜짝 놀라 잠에서 깬 야곱은 사람이 살지 않는 이 광야에도 하나님이 계시다는 것, 자신이 머물던 그곳이 '하나님의 집'임을 깨달았다. 그래서 그는 자신이 베개로 삼았던 돌을 가져다가 기둥을 세우고, 그곳을 벧엘이라 한다. 그러나 야곱은 정작 하나님께서 약속으로 주신 축복이 얼마나 엄청난 것인지 실감하지 못했다. 이게 꿈인가 생시인가, 긴가민가 미덥지 못하니 급기야 이런 기도를 올린다.

> "야곱이 서원하여 이르되 하나님이 나와 함께 계셔서 내가 가는 이 길에서 나를 지키시고 먹을 떡과 입을 옷을 주시어 내가 평안히 아버지 집으로 돌아가게 하시오면 여호와께서 나의 하나님이 되실 것이요 내가 기둥으로 세운 이 돌이 하나님의 집이 될 것이요 하나님께서 내게 주신 모든 것에서 십분의 일을 내가 반드시 하나님께 드리겠나이다 하였더라"(창 28:20-22)

"갈 길을 지켜 주시고, 먹을 양식 좀 주시고, 입을 의복 좀 주시고, 마침내 평안히 집으로 돌아갈 수 있게 해 주시면 내가 이런저런 것을 하나님께 드리겠어요" 하고 조건부로 기도한 것이다.

서원이란 하나님은 정작 뭔가를 요구하신 적이 없건만 자기가 먼저 자발적으로 뭘 하겠다고 약속하는 것이다. 하나님을 위해 뭘 하겠다는 일종의 맹세지만, 먼저 어떤 조건을 내거는 것이다. 야곱처럼 "만약 하나님께서 제게 이걸 해 주시면 저는 저걸 하겠습니다" 하고 조건부로 드리는 기도가 서원기도다.

야곱은 하늘의 문이 열렸다는 걸 알았지만 아직도 도망자 신세에 불과한 자신의 처지가 너무나 힘들었다. 그래서 몇 가지 조건을 걸고 서원기도를 했다.

그런데 사실 하나님은 야곱이 그런 서원기도를 하기 전에 이미 많은 축복을 주셨다. 이스라엘 백성이 출애굽하여 광야를 지나는 40년 동안에도 만나와 메추라기를 주신 하나님이다. 의복도 해어지지 않았고, 발도 부르트지 않았다. 다 지켜 주셨다. 만세 전부터 택정한 약속의 자손이었기에 야곱이 서원하기 전에 이미 약속을 주셨다. 그리고 그 약속을 다 지키셨다. 부자가 되어서 아비 집으로 돌아오게 해 주셨다. 야곱이 기도해서 그렇게 해 주신 것이 아니라, 약속을 지키신 것이다. 그러므로 야곱은 굳이 그런 기도를 하지 않아도 되었다.

야곱은 믿음의 3대였다. 하나님이 "네가 누워 있는 땅을 내가 너와 네 자손에게 주리니"(창 28:13)라고 약속하시면서 야곱의 하나님이 되셨음에도 불구하고 그는 하나님을 믿지 못했다. 그래서 앞날이 불안했다.

그는 맨 먼저 '여호와께서 이런저런 걸 해 주시면 내 하나님이 되실 것'이라고 서원했다. 우리가 어떤 직분을 가졌든, 얼마나 오랫동안 신앙생활을 했든 정작 하나님이 나의 하나님이 되지 못하면 이런 기도를 할 수밖에 없다. 직분이 있으면 뭐하고 몇

대째 신앙생활을 하면 무슨 소용인가. 믿음이 그 지경이니 "넌 이제 재벌의 상속자가 되었어" 하는데도 그 말을 믿지 못하고 "아파트 한 채만 사 주세요" 하는 것이다.

하나님은 순종하라고 했지 서원하라고 하지 않으셨는데, 믿음도 없고 순종도 할 줄 모르는 우리는 자꾸 이런 기도를 한다. 야곱처럼 먹을 양식, 입을 옷을 걱정하며 이런 것만 채워 주시면 하나님을 위해 무엇을 하겠다는 조건을 내건다.

하지만 그런 식으로 하나님께 조건을 내걸고 서원한 야곱의 약속은 어떻게 되었는가? 벧엘에 하나님의 전을 세우겠다던 야곱의 서원은 결국 헛맹세가 되고 말았다. 오랜 세월이 지나 거부가 되어 아들 딸을 잔뜩 거느리고 고향으로 돌아오지만 그는 벧엘을 그냥 지나쳐서 숙곳에 집을 짓고, 세겜에 장막을 쳤다(창 33:17-18). 하나님의 집 벧엘로 돌아갔다는 기록이 없다.

서원하고 지키기가 이렇게 어렵다. 그래서 결국 딸 디나가 강간을 당하고 아들 시므온과 레위가 살인 사건에 연루되고 나서 야야곱은 자신의 잘못을 깨닫는다.

"하나님이 야곱에게 이르시되 일어나 벧엘로 올라가서 거기 거주하며 네가 네 형 에서의 낯을 피하여 도망하던 때에 네게 나타났던 하나님께 거기서 제단을 쌓으라 하신지라"(창 35:1)

하나님이 깨우쳐 주시니 야곱은 그제야 그 말씀에 반응해서 벧엘로 가서 단을 쌓았다. 딸 디나 사건을 겪고 나서야 정신을 차린 것이다. 우리는 이렇게 서원기도를 하고도 금세 그것을 잊고, 지키지 않지만 하나님은 이렇게 해서라도 서원을 지키게 하신다.

야곱은 또 십일조를 서원했다. 야곱의 세 가지 서원 중에 두 가지 서원은 영적인 것이고, 마지막 서원은 물질에 대한 것이다. 십일조는 내가 가진 모든 것은 하나님께서 주셨다는 것을 인정하는 것이다. 그런데 야곱의 십일조 서원에는 "먹을 떡과 입을 옷을 주시면"이라는 조건이 있었다.

"애 붙게만 해주시면…", "돈만 벌게 해 주시면…", "건강하게만 해 주시면…."

우리의 서원기도에는 이렇게 조건이 많다. "100억을 벌면 적어도 10억은 드릴게요" 이러면서 서원한다. 그런데 막상 100억을 주면, 건강을 주면, 합격시켜 주면 그 서원을 지키지 않는다. 이러한 것은 서원이 아니라 그냥 육적인 소원에 불과하다. 내 소원이야 얼마든지, 무엇이든지 가질 수 있지만, 서원이란 내 소원과 하나님의 소원이 하나가 되어야 한다. 하나님나라를 위해 서원하는 것이므로 지키지도 않을 서원을 하나님 앞에서 함부로 남발하지 말아야 한다.

헛맹세하지 말아야 하는 이유

얼마 전 대통령 탄핵안 통과 여부를 놓고 한 국회의원이 "국회에서 대통령 탄핵안이 통과되면 내 손에 장을 지진다"고 해서 화제가 되었다. 당시 집권 여당의 대표까지 맡고 있던 그는 탄핵안이 통과되었지만 자기 손에 장을 지지지 않았다. 온 국민이 보는 TV 앞에서, 하물며 공인으로서 지키지도 않을 헛맹세를 한 것이다.

하나님을 모르는 사람이야 헛맹세를 한다고 하지만 믿는 사람은 그래선 안 된다. 그럼에도 우리는 '하나님의 이름으로, 하나님께' 맹세를 곧잘 한다. "하나님께 맹세한다"는 말을 누구나 한 번쯤은 해 보았을 것이다. 나 역시 모태신앙이다 보니 어려서부터 "하나님께 맹세해"라는 말을 자주 했던 것 같다.

베드로도 "죽기까지 예수님을 따르겠다"고 했지만 주님을 저주하면서 세 번이나 부인했다. 이것 역시 헛맹세였다. 우리가 이토록 연약하다. 오늘 있다가 내일 없어질 안개 같은 인생인데 무엇을 장담하고 맹세하겠는가.

그래서 야고보도 "내 형제들아 무엇보다도 맹세하지 말지니 하늘로나 땅으로나 아무 다른 것으로도 맹세하지 말고 오직 너희가 그렇다고 생각하는 것은 그렇다 하고 아니라고 생각하는 것은 아니라 하여 정죄 받음을 면하라"(약 5:12)고 했다.

예수님은 '도무지 맹세하지 말지니 하늘로도, 땅으로도, 예루살렘으로도, 네 머리로도 하지 말라'고 하셨다(마 5:34-36). 당시 바리새인들은 "헛맹세를 하지 말고 네 맹세한 것을 주께 지키라 하였다"(마 5:33)는 말을 들었으나 거짓말만 아니면 맹세를 해도 된다고 생각했다. 그러나 맹세를 한다는 것은 이미 자신의 진실성이 의심받고 있다는 것을 뜻하기도 한다. 맹세 없이도 상대방에게 신뢰받을 수 있는 삶을 살아야 하는데 그렇지 못하기 때문에 자꾸 맹세를 남발해서 신뢰를 얻으려 하는 것이다. 하물며 헛맹세란 진실에 근거하지 않은 맹세, 맹세를 변질시켜서 그 위에 무엇을 더하겠다고 하는 것이다.

예전에 내 남편은 나와 맞선을 보는 자리에서 맹세를 많이 했다.

"나는 볼펜 한 자루, 책 한 권도 내 것을 너무 사랑하고 아끼는 사람이다. 하물며 내 아내를 사랑하지 않겠는가. 절대로 눈물 흘릴 일은 없게 해 주겠다!"

그래서 눈물 흘릴 일이 내게 없었는가! "내 것을 너무 아끼고 사랑한다"는 말이 나를 사랑한다는 말인 줄 알았는데 그것은 결국 강한 자기애에 불과했다.

그런데 나 또한 자기애가 강했기 때문에 그 맹세에 넘어갔다.

내가 대단히 품질이 좋은 여자인 줄 알았고, 내 품위를 유지하기 위해서는 돈이 필요했다. 결국 돈을 사랑해서 남편의 맹세에 넘어간 것이다. 맹세를 남발한 남편이나 그 맹세에 솔깃한 나나 다를 바가 없다.

남편이 또 한 가지 맹세한 것은 피아노를 전공한 나를 위해 1년에 한 번씩 독주회를 열어 주겠다는 것이었다. 교만과 허영심으로 가득한 내게 이 말이 얼마나 달콤했겠는가. '내가 드디어 교수의 꿈을 이루겠구나!' 하고 마냥 좋아서 덜컥 시집을 갔다.

물론 그 맹세는 지켜지지 않았다. 결혼하자마자 시작된 시집살이에 독주회는커녕 피아노 앞에 앉을 시간도 없었고, 남의 독주회를 보러 갈 시간도 없었다. 밤낮으로 청소하고 걸레 빨며, 걸레 하나 때문에 눈물 흘린 날이 하루 이틀이 아니었다.

함부로 서원하지 말라

성경의 인물 중에는 '함부로' 서원을 했다가 불행하게도 사랑하는 딸을 희생시킬 수밖에 없었던 인물이 있다. 그 비극의 주인공이 입다다. 입다는 당시 이스라엘의 사사로서 암몬과의 큰 전쟁을 앞두고 기도하는 중에 하나님의 영이 임해서 서원을 했다(삿 11:30-31).

"하나님이 전쟁을 이기게 해 주시면 집에 돌아갈 때 '처음 마중 나온 사람'을 하나님께 번제로 드리겠습니다."

입다가 전쟁에서 승리하여 돌아오면 누가 맨 먼저 마중을 나올지 그 누가 알았겠는가? 입다가 미리 알고 그런 서원기도를 했겠는가?

그런데 막상 전쟁에서 승리하여 돌아오니 하나밖에 없는 사랑하는 딸이 맨 먼저 마중을 나왔다. 분명 하나님의 영이 임해서 서원을 하고 맹세를 했는데 하필이면 왜 이런 일이 입다에게 일어났을까?

입다는 기생의 아들로서 어렸을 때부터 따돌림을 당하며 자랐다. 그래서 돕 땅의 잡류들과 놀았다. 하나님께 사사로 부르심을 받은 후에도 잡류들과 놀던 세상 습성이 아주 없어지지 않았다. 그래서 입다의 서원은 세상 방식대로 흥정에 불과했다.

서원은 이렇듯 그저 그때그때 위기를 모면하기 위해, 내 이기적인 목적을 이루기 위해 즉흥적으로, 기분 내키는 대로 해서는 안 된다. 그런 서원은 입다와 같은 비극적인 결과를 초래할 수도 있다.

암에 걸린 아내의 치유를 위해 "아내를 낮게 해 주시면 평생 선교에 헌신하겠다"고 서원했던 집사님이 있다.

난소암 말기 진단을 받고 1~2년밖에 살지 못한다는 시한부 선고를 받았지만 새벽마다 부르짖은 그 간절한 기도 때문인지 아내는 '6년을 넘게' 살았다. 네 번의 큰 수술과 수십 차례의 항암치료에도 불구하고 투병 기간 내내 "아프다"는 소리 한 번 하지 않고 평안히 천국으로 갔다. 의료진들조차도 "그만하면 기적"이라고 했다.

아내는 비록 완치되지 못하고 천국으로 떠났지만, 남편 집사님은 하나님께 서원했던 약속을 지키기 위해 선교대학원까지 진학했다. 그가 섬기던 교회에서도 큰 선교 프로젝트를 준비하고 있었던지라 그의 학업을 지원했다.

그런데 선교 공부를 하는 동안 그 남편 집사님의 마음이 흔들리기 시작했다. 겨우겨우 학업은 마쳤지만, 아내를 간병하던 6~7년 동안 억눌렀던 정욕이 서서히 꿈틀거리기 시작했고 결국 젊은 여자가 생겨 동거까지 하게 되었다. 육적인 쾌락에 빠져 하나님께 서원했던 기도도 서서히 잊혀 갔다.

그러던 중 그 집사님에게 연달아 재앙이 닥쳤다. 20여 년간 섬기던 교회가 갑자기 분란에 빠진 데다, 사업까지 완전히 망해 버린 것이다. 결국 정욕에 빠져 불신 재혼한 가정도 깨지고 말았다. 불과 1~2년 사이에 교회와 사업체, 그리고 가정까지 한꺼번에 잃은 그 집사님은 순식간에 망가졌다. 하나님의 존재까지

의심할 만큼 믿음은 바닥을 치고, 쥐엄열매를 주워 먹어야 할 만큼 육적으로도 무너졌다. 그 잘나가던 인생이 하루아침에 무너지고, 젊은 여자로부터 버림받았다는 수치심에 하루에도 수십 번 죽을 생각만 했다. 그렇게 방황하던 어느 날, 서점에 갔다가 《나를 살리는 회개》라는 내가 쓴 책을 보게 되었고, 그 책에 이끌려 우리들교회로 인도되었다.

"교회에 등록하고 양육 훈련을 받고 나서야 하나님께서 저의 모든 것을 둘러엎으셨음을 인정하게 되었습니다. 첫 아내와 사별한 후 안목의 정욕, 육신의 정욕에 빠져 간음을 하고 불신 결혼한 저의 죄를 보게 되었습니다. 뿐만 아니라 평생 선교에 헌신하겠다던 하나님과의 약속을 외면한 죄도 보게 되었습니다. 이제라도 남은 삶이 하나님의 선교에 온전히 사용되기를 소원합니다."

이런 고백이 있은 후 이 집사님에게 교회의 문서선교 사역에 동참할 기회가 주어졌다. 하나님께 부도를 내고 영원히 도망갈 인생이었지만, 뒤늦게나마 우리들교회에 와서 말씀이 들리고, 자기 죄를 회개하니 하나님께서 그 값을 치를 기회를 주신 것이다.

"네 하나님 여호와께 서원하거든 갚기를 더디 하지 말라 네 하나님 여호와께서 반드시 그것을 네게 요구하시리니 더디면 그것이 네게 죄가 될 것이라"(신 23:21)고 했다. 서원했다면 반드시 지켜야 한다. 갚기를 더디 해도 죄가 된다. 차라리 "서원하고 갚지 아니하는 것보다 서원하지 아니하는 것이 더 나으니"(전 5:5)라고 했다. 하나님은 "만일 어떤 사람이 사람의 값을 여호와께 드리기로 분명히 서원하였으면 너는 그 값을 정할지니"(레 27:2)라며 서원한 것은 어떻게 해서든지 지키고, 지키지 못하면 값을 치르라고 분명히 말씀하셨다.

예수님이 없는 사람은 어떤 약속도, 어떤 맹세도 헛된 것을 말할 수밖에 없다. 교회를 열심히 다니며 선교에 헌신하겠다고 맹세한 사람도 아무 가책 없이 불신 결혼을 하는데 하나님을 모르는 사람에게 기대할 것이 있겠는가? 헛맹세로 허풍을 떨며 스스로 높아져서 결국 쾌락으로 가는 것이 누구도 예외 없는 수순이다. 나의 교만과 허영 때문에 스스로를 속이고 남도 속였다는 걸 인정해야 한다.

그럼에도 우리는 너무 절박해서 마치 흥정하듯 맹세를 한다. 물론 간절함으로 그렇게 기도하고 진심으로 서원할 수 있다. 하지만 "이것만 해 주시면, 저것만 해 주시면…" 하는 것은 하나님을 상대로 흥정하는 일이다.

"하나님, 사업만 잘되게 해 주시면 제가 건축헌금을 하겠습니다. 이 병만 고쳐 주시면 주의 일을 하겠습니다. 평생을 주님께 바치겠습니다."

부모들은 자식을 놓고 서원기도를 드린다.

"하나님, 우리 애를 고쳐 주시면 선교사로 만들겠습니다. 우리 아들을 대학에만 붙여 주시면 감사헌금을 하겠습니다."

자식에 대한 욕심과 기대를 품고 나름대로 확신에 차서 맹세를 한다. 그래도 여기까지는 몹시 영적인 서원 같다. 한나의 서원과 별반 차이가 없어 보인다. 그러나 맹세로만 끝나는 게 문제다. 성경을 모르고 하는 맹세는 그렇다 하더라도 성경을 아는 지식으로 맹세하면서 "하나님, 제가 한나처럼 아들을 주님의 일꾼으로 바치겠습니다. 그러니까 제발 대학에만 붙여 주세요", "하나님, 저 꼴보기 싫은 과장만 피하게 해 주시면 직장을 선교지로 삼겠습니다!" 하며 욕심을 합리화하는 사람들이 얼마나 많은지 모른다. 그러니 병도 낫고, 사업도 잘되고, 자식이 대학에 척척 붙으면 자기가 한 기도를 잊어버리고 나 몰라라 한다. 이것은 헛맹세보다 더 심각한 악이다.

진실한 서원은 하나님이 들으신다

나 역시 고등학교 3학년 때 "대학에만 붙여 주시면 주의 일을 하겠노라"고 기도했다. 부모님의 후원이 절대적으로 필요한 피아노 공부를 거의 독학으로 했는데, 당시 내 실력으로는 내가 원하는 대학에 합격하기가 어려웠기에 "하나님께서 합격시켜 주시면 무슨 일이든 하겠다"고 서원의 의미나 뜻도 모르고 서원기도를 한 것이다. 그리고 대학에 합격하고 나서는 그 기도를 까맣게 잊어버렸다. 그러면서도 여전히 연주회를 할 때마다 "이번 연주회를 잘 마치게 해 주시면 무엇을 하겠다"고 기도했다. 이후에도 "결혼을 하면", "유학을 보내 주시면", "이렇게 해 주시면, 저렇게 해 주시면" 하고 때마다 기도를 하고 때마다 잊어버리고 살았다.

그러나 맹세 자체가 나쁜 것은 아니다. 예수님은 "도무지 맹세하지 말라"고 하셨지만, 하나님은 맹세를 전적으로 금하지는 않으셨다(신 6:13).

중요한 것은 하늘, 땅, 예루살렘, 머리 어떤 것도 맹세의 도구로 삼아서는 안 된다는 것이다. 우리는 100프로 죄인이기에 우리의 맹세가 거짓을 가리기 위한 수단으로 전락할 수 있음을 알아야 한다. 자식과 돈, 건강 모든 것이 하나님이 주시는 것이고 하나님의 일인데 그것을 맹세의 도구로 삼는 것은 심각한 교만이다.

그 누구도 입다에게 딸을 내놓으라고 한 적이 없다. 입다 스스로 그렇게 기도했다. 하지만 막상 딸을 번제로 드리려니 얼마나 고통스러웠겠는가! 그 고통을 어떻게 말로 표현할 수 있었겠는가!

입다는 할 말이 많았을 것이다. "내가 나라를 구하고 26개나 되는 성읍을 얻었는데 딸을 죽이는 것이 말이 됩니까? 내가 하나님 때문에 전쟁을 치렀는데 이럴 수 있습니까?" 하고 하나님을 설득하고 싶었을 것이다. 사람들을 모아 놓고 "여러분도 내가 딸을 바치는 것에 대해 반대하시지요?" 하면서 어떻게든 딸을 살릴 이유를 찾고 싶었을 것이다. 그러나 하나님께서 먼저 딸을 바치라고 하신 적이 없다. 그 스스로, 자기 입으로 하나님께 서원한 것이다.

입다의 서원에 문제가 있기는 해도 주님은 딸의 죽음을 통해 그를 믿음의 인물로 인정하셨다. 히브리서 11장의 믿음의 인물에 당당하게 입다의 이름이 올라가 있다. 부족했어도 입다의 마음이 진실했기 때문이다. 부족해도 입다는 자신의 맹세를 지켰고 하나님은 선으로 갚으셨다.

서원을 하든 맹세를 하든 내가 진실하기만 하면 하나님은 책임지시고 모든 맹세를 선하게 이루신다. 나의 언어와 삶이 진실하면 모든 것을 하나님이 책임져 주신다.

에드 경어 목사는 자신의 저서 《서원》을 통해 "서원은 하나님의 호의나 사랑을 얻어 내는 것과는 전혀 무관하다. 우리가 서원하지 않아도 하나님은 변함없이 우리를 사랑하신다. 또한 서원한다고 우리가 더 나은 그리스도인이 되는 것도 아니다"라고 주장했다. 서원이라는 것이 하나님을 사랑하기 위해 꼭 필요한 길은 아니라는 것이다. 그러므로 경솔하게 서원하지 말고, 서원에는 희생이 따르므로 약속을 지킬 준비가 되어 있지 않으면 서원하지 말라고 경고한다.

그러나 그는 "서원의 자발적이고 비본질적인 특성이 오히려 우리에게 능력이 된다. 서원의 삶은 우리를 더 짠 소금과 더 밝은 빛으로 만들어, 회심자들과 박해자들 모두의 마음을 끌어당긴다. 서원의 삶은 우리를 변화시킨다"며 서원의 긍정적인 면을 부각시키기도 했다. 굳이 서원을 하려면 "엉뚱한 목표를 세울 것이 아니라 초점을 하나님께 맞추고, 한번 서원을 했으면 중간에 실패하더라도 성령의 인도를 받아 서원을 지속하라"고 당부한다.

내 삶에 감사가 넘쳐서 헌신을 결단하든, 한나와 같은 고통 때문에 서원을 해야 할 필요가 있든 그 초점은 반드시 하나님나라의 영광을 위한 헌신에 맞춰야 한다. 그리고 그 서원을 반드시 지키기 위해 기도해야 하는 것을 잊지 말아야 한다.

하나님 아버지, 오늘도 돈이 없어서, 몸이 아파서 너무나 괴로운 나머지 하나님께 맹세를 하고 말았습니다. 돈만 잘 벌게 해 주시면, 건강만 지켜 주시면, 하나님께 이것저것 다 바치겠다고 헛맹세를 하고 말았습니다.

이미 많은 축복을 주셨음에도 믿음이 부족해서 늘 "이것만 해 주시면, 저것만 해 주시면…" 하고 하나님을 상대로 흥정했음을 고백합니다. 정욕에 사로잡혀 지키지도 못할 맹세를 남발하고, 육적인 것을 구하려고 나도 속고 남도 속이는 기도를 해 왔습니다. 불쌍히 여기시고, 이제라도 하나님 앞에서 함부로 조건을 걸며 헛맹세를 하지 않도록 믿음을 허락하옵소서.

하나님께서는 서원을 하면 반드시 지키라고 하십니다. 갚기를 더디 해도 죄가 된다고 하십니다. 지키지 못하면 그 값을 치르라고 하십니다. 하나님께 부도를 내고 영원히 도망갈 인생이었는데, 뒤늦게나마 말씀이 들리고, 내 죄를 보게 해 주시니 감사합니다. 남은 인생이라도 그 값을 치르며 살아가는 인생이 될 수 있도록 은혜를 허락하옵소서.

이왕이면 제 삶에 감사가 넘쳐서 헌신을 맹세하는 인생이 될 수 있도록 축복하옵소서. 비록 고통 때문에 서원기도를 하더라도 반드시 하나님나라의 영광을 위한 맹세를 할 수 있도록 믿음을 허락하옵소서. 저의 소원과 하나님의 소원이 하나가 되는 인생이 될 수 있도록 축복하옵소서. 그리고 그 서원을 반드시 지키기 위해 기도하는 제가 될 수 있도록 붙잡아 주옵소서. 예수님의 이름으로 기도합니다. 아멘.

Q 내가 계획한 길이 막히는 사건을 겪은 적이 있습니까? 그런 사건을 겪을 때 그 문제를 들고 하나님께 나아가 기도했습니까? 그때 어떤 응답을 받았습니까? 그 길을 하나님께서 막으셨다는 것이 인정됩니까?

Q 내가 겪었거나 겪고 있는 환난은 어떤 것입니까? 그 환난의 때에 기도함으로 내 죄를 보았습니까? 그로 인해 내가 돌이킨 죄는 무엇이며, 내려놓은 것은 무엇입니까?

Q 너무 괴로운 나머지 하나님께 서원한 적이 있습니까? 그 서원기도는 응답을 받았습니까? 하나님께 서원한 것은 잘 지켰습니까? 서원한 것을 지키지 못함으로 값을 치른 적이 있습니까? 어떤 값을 치렀습니까?

Q 가족과 이웃 또는 공동체 앞에서 하나님의 이름으로 맹세하며 기도한 적이 있습니까? 그 맹세는 잘 지켰습니까? 지금까지 살아오면서 내가 한 헛맹세는 얼마나 됩니까? 그것은 주로 어떤 것입니까? 또 나의 정욕과 허영심으로 인해 남의 헛맹세에 넘어간 적이 있습니까?

05

"인내합니다!"

고난의 때에 드리는
능력기도

우리에게 고난을 주시는 이유

2013년 6월, 우리들교회 판교성전 헌당예배를 준비할 때였다. 이 지역에 우리들교회를 어떻게 알릴까 고민하던 중 새로 지은 교회 외벽에 "고난이 보석이다"라고 쓴 대형 현수막을 내걸었다. 판교성전의 위치가 경부고속도로 서울 방향 진입로 왼편 길목에 우뚝 서 있어 하루에도 수천수만 명이 "고난이 보석이다"는 글귀를 볼 터였다. 그런데 '고난이 보석'이라니, 누가 봐도 고개를 갸우뚱할 문구였다. 누가 고난을 축복으로 받으려고 교회에 오겠는가. 마치 성도들을 내쫓으려고 작심한 교회처럼 보였을 것이다.

그러나 과연 예수를 믿는다는 것은 무엇인가? 그리스도로 인해 죄 사함을 받고 복음의 일꾼이 되면 당연히 고난이 따라온다. 예수를 믿으면 복을 받고, 병이 낫고, 대학에 척척 붙는다든지 술 담배 끊고 사람이 변화되는 정도로만 이해해선 안 된다. 그런 정도는 예수 안 믿고도 얼마든지 가능한 일이다.

예수를 믿고 거듭난다는 것은 그런 정도의 변화를 말하는 것이 아니다. 예수를 믿는다는 것은 예수님을 내 인생의 주인으로 모시는 일이다. 이전의 나는 죽어 없어지고 새로운 피조물로 거듭나(고후 5:17) 주님의 뜻대로, 말씀대로 사는 일이다. 그런데 이전에 좋아하던 세상적인 것들을 끊어야 하는 것부터가 고난이다. 술 담배는 기본이고, 주식과 도박, 게임… 육신의 정욕과 안목의 정욕, 온갖 세상적 유혹을 끊는 것이 고난이다. 그러니 예수를 믿는다는 건 고난의 길을 걷는 일이다.

"그러므로 너는 내가 우리 주를 증언함과 또는 주를 위하여 갇힌 자 된 나를 부끄러워하지 말고 오직 하나님의 능력을 따라 복음과 함께 고난을 받으라"(딤후 1:8)

복음과 함께 복을 받으라가 아니라 고난을 받으란다. 우리는
어머니 배 속에서 태어나는 순간부터 고통을 겪으며 나온다. 깜
깜한 자궁 속에 있다가 산도를 거쳐 이렇게 어마어마한 빛의 나
라로 나오려니 "으앙!" 하고 울음을 터뜨리지 않을 수 없다. 거
듭남도 마찬가지다. 그냥 다시 태어나는 것이 아니다. 변화되
려니 이전의 수많은 가치관들과 충돌할 수밖에 없고, 그로 인해
고난은 필수적이다.

> "나는 이제 너희를 위하여 받는 괴로움을 기뻐하고 그리스도
> 의 남은 고난을 그의 몸된 교회를 위하여 내 육체에 채우노
> 라"(골 1:24)

사도 바울은 그리스도의 남은 고난을 자신의 육체에 채우겠
다고 했다. 왜 그리스도의 남은 고난이라고 말했을까? 그리스
도의 고난은 십자가의 고난으로 끝난 것이 아니다. 그분의 몸
된 교회가 이 땅에 있는 한 그리스도의 고난은 끝나지 않는다.
몸이 고통을 당하면 머리도 고통스러울 수밖에 없기 때문이다.
바울만 그런 것이 아니다. 오늘날 성도가 복음 때문에 당하는
고난은 그리스도의 남은 고난에 참여하는 것이다. 그러나 정작
우리는 몸 된 교회를 위해 그리스도의 남은 고난을 채우는 것이

아니라 내 욕심 때문에 고난을 당할 때가 너무나 많다.

한 여집사님의 고백이다.

"현재 시어머니를 모시고 사는 일이 그동안 특별한 고난이 없었던 내게는 일생일대에 죽을 것 같은 고난입니다. 하지만 시어머니를 모시지 않았다면 나는 낮아지지 않았을 것이고 하나님을 이토록 찾지 않았을 것입니다. 아직도 낮아지지 못한 부분이 많지만 계속해서 이 힘듦으로 변화되고 있는 것들이 분명 있습니다. 그래도 여기까지는 좋았습니다. 최근 네 살이 되도록 내 손으로 키운 사랑스런 손녀가 나를 싫어하는 사건을 겪었습니다. 그 아이를 한순간도 마음에서 놓아 본 적이 없는데 어느 날 갑자기 '할머니가 옆에 앉으면 짜증나!' 하는 것입니다. 나는 지금껏 배신을 당해 본 적도 내가 해 본 적도 없건만 손녀에게서 이런 배신을 당할 줄은 정말 몰랐습니다."

시어머니를 모시는 일도, 손주를 돌보는 일도 고난이다. 하지만 "그게 무슨 고난이냐? 그런 고난이라면 백번도 더 하겠다"는 사람도 있다. 질병과 경제적 파탄, 실직, 배우자와 자녀 문제 등 고난은 가지각색으로 찾아온다. 그 고난이 크든 작든 누구에게나 각자의 수준에 맞는 절대치의 고난으로 온다. 그러므로 나의 고난은 하나님이 알맞게 주신 것이다. 누구든지 육이 무너지지 않으면 영이 세워질 수 없기에 하나님이 '이 사람한테는 자녀 고난이, 이 사람한테는 돈 고난이, 이 사람한테는 남편 고난이, 이 사람한테는 병 고난이 필요해' 하고 알맞게 주시는 것이다.

고난이 없다고 자랑하면 안 된다. 하는 일마다 잘되고 고난 없는 인생을 살고 있다면 그것은 두려워해야 할 일이다. 죄를 짓고 살면서 들키지도 않고 무사히 넘어간다면 불행 중 다행이 아니라 불행 중 불행이다.

나는 시시하게 살다가 시시하게 죽을 뻔했다. 나 혼자 잘 살아 보겠다고 대학에 가고, 시집을 갔다. 광야가 너무 싫어서 결혼을 했는데 거기에는 신 광야가 펼쳐져 있었다. 사방이 꽉 막힌 광야였다. 그러나 그랬기에 나의 눈이 주께로 향했다. 사방이 꽉 막힌 환경, 피할 길 없는 고난의 환경이 축복의 땅이었다. 고난을 당하면 자기 수준을 알게 된다. 세상의 모든 좋은 환경보다 하나님 안에서 나쁜 환경이 오히려 축복이다.

우리는 천국을 그냥 사모할 수가 없다. 고난이 없이는 하늘나라를 진정으로 사모하는 마음이 생기지 않는다. 하나님은 고난 중에 나의 뿔을 높이신다. 그 고난을 통해 예수님을 만나기 때문이다.

내 삶에 주님의 통치가 필요함을 인정하는 것이 믿음의 시작이다. 그 시작을 위해 주님은 기적이 아닌 고통을 내 삶에 허락하신다. 부르심이 있는 인생이라면 고통스러운 사건이 찾아온 것을 슬퍼하지 말고 도리어 기뻐해야 한다. 고통 속에서 나와 동행하시는 주님의 인도하심을 발견하게 되기 때문이다. 그래서 고통과 슬픔의 사건은 나와 함께 가고자 하는 하나님의 깊은 배려이고 사랑이다.

인내를 온전히 이루라

그동안 늘 임신은 잘되었지만 만삭까지 가지 못하고 4명의 미숙아를 낳아야 했던 집사님이 마흔둘의 나이에 또 임신을 했다. 네 차례 모두 미숙아를 출산했고, 그나마 두 아들은 먼저 하늘나라로 보낸 경험이 있기에 임신 사실을 알고는 눈앞이 캄캄했다. 늦은 나이에 임신을 하면 모든 과정이 험난할 거라는 사실을 누구보다도 잘 알기 때문이었다. 시부모님도 "그렇게 고생해서 낳고 또 낳고 싶으냐"며 반대하셨고, 의사도 "조건이 안 좋으니 포기하라"고 했다. 그러나 낙태가 죄인 줄 알기에 "하나님께 맡기고 가자"는 남편의 말에 순종해서 아이를 낳기로 결정했다. 의사는 "임신 14주째에 자궁경관무력증 수술을 하고, 이후부터는 아이를 낳을 때까지 입원해서 누워 지내야 한다"고 했다.

"말로는 위험을 무릅쓰고서라도 아들이든 딸이든 감사함으로 낳겠다, 예수님을 의지한다고 했지만 너무나 두려웠습니다.

그래서 하루하루 빨리 날짜가 가기만을 기도했습니다. 묶어 놓은 자궁 길이가 짧아져서 아이가 나올 것 같다며 수시로 분만실로 내려갔다가 입원실로 되돌아오는 일이 반복되었습니다. 이런 일이 일어날 때마다 '주님, 살려 주세요' 하고 기도했지만, 마음은 항상 불안하고 힘들었습니다. 그런 불안과 고난 속에 임신 32주째 되던 어느 날, 드디어 2.2킬로그램의 막내아들이 태어났습니다."

이 막내를 키우며 집사님이 겪어야 했던 고난은 끝이 없었다. 혼자 힘으로 감당하기가 너무 힘든 나머지 "이 아이를 잘 키울 수 있는 교회로 인도해 달라"고 기도한 후 우리들교회로 인도되었다.

하나님과 공동체에 양육을 맡기고 오직 기도로 키운 그 막내아들이 올해로 열한 살이 되었다. 주일이면 주일학교 교사인 엄마를 도와 미리 간식도 타다 주고, 청소년부 수련회도 같이 다니지만, 여전히 난독증으로 언어 치료를 받고 있고, ADHD 약을 먹고 있다. 그저 감사할 일밖에 없다고 고백은 하지만, 이 집사님의 고난은 여전하다.

인생을 살면서 우리는 예상치 않은 여러 가지 시련을 만난다. 자식은 대학에 떨어지고, 남편의 사업이 부도나는가 하면 배우자가 바람피우는 사건을 만나기도 한다. 그러나 이런 각양각색의 사건들을 만나는 분들이야말로 주님이 사랑하시는 분들이다. 그런 시련을 주시는 이유가 우리로 하여금 온전함을 이룰 수 있도록, 부족함이 없는 인생이 되게 하기 위함이기 때문이다.

주님은 사랑하는 우리에게 그런 고난과 시험을 주시면서 "애, 그래도 온전히 기쁘게 여겨!"라고 하신다. 고난과 시험이 우리로 하여금 인내하게 하고, 그 인내를 온전히 이루면 조금도 부족함이 없는 인생이 된다고 한다(약 1:2-4).

> "시험을 참는 자는 복이 있나니 이는 시련을 견디어 낸 자가 주께서 자기를 사랑하는 자들에게 약속하신 생명의 면류관을 얻을 것이기 때문이라"(약 1:12)

비록 해석이 안 되는 시련이라 해도 그 과정을 지나야 인내가 이뤄진다고 한다. 게다가 하나님은 인내를 대충 이루라 하지 않고 '온전히' 이루라고 하신다. 우리로 하여금 인내를 온전히 이루어 부족함이 없는 인생이 되게 하시려는 것이다.

나를 괴롭히고 못살게 구는 사건들이 바로 나의 온전함을 위한 것이고, 부족함이 없게 하시려는 하나님의 세팅임을 인정하게 되면 나를 힘들게 하는 사람을 봐도 '아, 저 사람이 나 때문에 수고하는구나'라고 여길 수 있다. 억지로 마인드 컨트롤하라는 것이 아니다. 이런 고백을 할 때 고난을 기쁘게 여기며 깨달아 갈 수 있는 것이다.

인내는 한순간에 이루어지지 않는다. 무거운 짐을 지고 간신히 버티는 상태로 오랜 시간이 흘러야 한다. 그래서 인내하는 과정에서 우리의 영적 진실성이 드러난다. 세상일이나 영적인 일이나 인내를 잘하는 사람이 결국 승리하는 것을 나는 많이 보아 왔다. 인내란 순간적으로 참는 것이 아니다. 시간이 필요하다. 인내함으로 그 시간을 견디다 보면 내공이 쌓이고 혈기가 나지 않는 것을 경험하게 된다. '아, 내게 온 이 시험이 믿음의 시련이구나. 그래서 내 내면에 인내를 이루게 해 주시는구나. 그러니 온전히 기뻐해야겠구나' 하고 깨닫게 된다. 배우자가 바람을 피우는 것도, 자식이 말썽을 피우는 것도, 남들에게 핍박받는 것도 내 인생에 인내를 이루어 가는 과정이라고 이해하게 된다. 그 인내를 잘 이루면 영성이 쌓인다.

"믿음으로 구하라"고 하시는데, 하나님께 구하도록 만드는 가장 좋은 도구는 시련이다. 시련 없이는 말씀이 깨달아지지 않는다. 영적 성숙을 이루려면 결국 시련이 필요하다. 환난이 인생의 주제이다 보니 성경이 교과서요, 성령님이 스승이 되시어 내 인생의 목적을 깨닫게 해 준다. 시련을 통해 주님을 만나야 말씀이 들어오고, 내 인생의 구조가 들어오고, 성경 어디를 봐도 내 육적인 사건이 영적인 사건으로 해석이 된다. 그래서 고난은 영성 훈련이다. 고난 없이 믿음이 성숙되는 사람은 아무도 없다.

우리가 흔히 겪는 시련은 물질의 시련이다. 느헤미야서에서도 이스라엘 백성이 십일조와 안식일을 어기고, 불신 결혼으로 범죄할 때 그 속내도 결국 물질과 연관되어 있었다.

가난한 사람은 모든 길이 막혀 있어 자기를 되돌아보고 깨닫기가 쉽다. 하지만 마태복음 19장의 부자 청년을 보라. 늘 사람들에게 칭찬받았기에 모든 계명을 지켰다고 여겨서 "내게 아직도 부족한 것이 있느냐?"고 도리어 예수님께 물었다. 부자는 이렇듯 자신을 돌아보기가 어렵다. 낮아지지 않으면 자신의 곤고한 영적 상태를 보는 것이 이렇게 어렵다. 그러므로 하나님께서 시련을 주시는 것이다.

우리들교회는 참 특이한 교회다. 고난 많은 지체들이 고난을 자랑하고 수치를 오픈한다. 말씀으로 자신의 인생을 해석했기 때문이다. 주님이 자신을 사랑하셔서 그런 고난과 수치를 주셨음을 깨달았기 때문이다. 고난이 없는 지체들은 고난이 없는 것을 고난으로 여기며 회개하고 더욱 낮아진다. 나는 이런 믿음의 형제들이 있어서 얼마나 감사한지 모른다.

고난 가운데 하나님을 만나지 않았다면, 말씀이 해석되지 않았다면, 나 역시 어떻게 남편의 죽음 앞에서 기뻐할 수가 있었겠는가? 가장 무섭고 슬픈 죽음의 문제까지도 영적으로 해석해서 온전히 기쁘게 여겨야 할 일로 믿었을 때, 그날의 큐티 말씀이었던 에스겔 33장 말씀이 깨달아졌다. 영원한 삶을 주는 구원이 얼마나 중요한지 알았고, 그 사명을 보이며 살아가야 한다는 것이 깨달아졌다.

그래서 고난이 축복이다

이스라엘 민족은 애굽의 노예 생활 430년, 광야 생활 40년을 거쳐 약속의 땅 가나안에 들어갔다. 오직 하나님만 섬기라고 그렇게 모질고 거친 훈련을 받았건만 젖과 꿀이 흐르는 가나안 땅에서 살게 되자 우상을 숭배하며 하나님을 버렸다. 하지만 하나님은 이스라엘을 무작정 사랑하셔서 어떻게든 그들을 돌이키고자 이사야와 예레미야, 에스겔 같은 선지자들을 보내 회개할 것을 촉구하셨다. 그래도 이스라엘 백성이 듣지 않자 마침내 바벨론 포로로 흩으셨다. 그곳에서 그들이 예루살렘을 기억하고 영적으로 회복되기를 기대하신 것이다.

이스라엘의 영적 중심지인 예루살렘 성전도 불타고, 포로 생활도 끝날 것 같지 않아서 고통스러웠지만 하나님은 그 기간이 70년이라고 미리 말씀해 주셨다(렘 29:10). 그 70년 동안 바벨론이 망하고 바사 왕국이 세워지면서 바사의 고레스 왕에 의해 이스라엘의 포로 생활은 마무리된다. 스룹바벨과 에스라의 주도로 1차, 2차 포로 귀환이 이루어지고 이제 새로운 회복의 역사가 시작되었다.

그런데 1차, 2차 귀환 후 다시 70년이 지나도록 이스라엘로 돌아가지 않은 사람들이 있었다. 에스더서에 나오는 에스더와 모르드개, 그리고 느헤미야도 그중 한 사람이었다. 그들의 공통점은 강대국에서 포로 생활을 하는 중에도 기득권을 누리던 사람들이었다. 느헤미야는 왕궁의 관원이었고, 모르드개는 대궐 문을 지키는 관리로서 조카 에스더를 왕비로 만들었다. 포로의 신분임에도 그 땅에서 잘살았으니 훼파된 고향으로 돌아가기가 쉽지 않았을 것이다.

육적인 환경이 무너지지 않으면 영적으로 회복되기 어려운 것은 그때나 지금이나 변함이 없다. 그러나 하나님은 바벨론에 남아 있는 그들에게도 비전을 갖고 계셨다. 모르드개와 에스더를 사용하셔서 이스라엘 민족을 위기에서 구하셨고, 왕궁에 있던 느헤미야를 사용하셔서 이스라엘 백성의 3차 포로 귀환을 이루게 하셨다.

느헤미야의 기도는 참으로 능력 있는 기도였다. 1, 2차 포로 귀환 때 이스라엘로 돌아간 사람들은 140년이 지나도록 예루살렘 성벽을 복구하지 못했는데, 느헤미야의 기도로 52일 만에 성벽을 복구했다.

우리 가정에도 140년이 지나도록 회복되지 못하는 고난이 있을 수 있다. 조상 대대로 끊지 못한 가난, 질병, 음란, 술 중독 등의 문제가 가정마다 있다. 예수님을 믿어도 해결되지 않는 제사와 미신, 우상의 문제도 있다. 그러나 140년 동안 해결하지 못한 문제라도 느헤미야와 같이 능력의 기도를 드리면 52일 만에 끊어 낼 수 있다. 영적인 회복을 구하는 능력의 기도는 육적으로 무너진 성전도 회복케 한다.

느헤미야는 하가랴의 아들이다. '하가랴'는 '어두워지다, 방해하다'라는 말과 '여호와'가 합쳐져 이루어진 낱말이다. '여호와께서 어둡게 하시고, 여호와께서 방해하셨다'라는 뜻을 가지고 있다. 성경의 모든 이름은 그 의미가 예사롭지 않은데, 느헤미야의 아버지 이름이 '하가랴'인 것을 보면 아마도 느헤미야의 인생을 어둡게 하고 방해했던 모양이다.

그러나 어두움과 방해의 '하가랴'가 있었기에 '여호와께서 위로하셨다'는 뜻의 '느헤미야'가 있었다. 늘 앞길을 막는 아버지 때문에 하나님의 위로를 받는 느헤미야가 되었다. 힘든 아버지 때문에 하나님을 만나고 하나님의 위로를 받았으니 느헤미야에게 가장 고마운 사람이 바로 하가랴다. 그래서 느헤미야서의 시작인 1장 1절에 "하가랴의 아들 느헤미야"라고 아버지를 자랑스럽게 소개하고 있는 것이다.

우리에게도 나를 어둡게 하고 방해하며 고통을 주는 '하가랴'가 있다. 그만 없으면 인생이 편할 것 같은 하가랴 부모, 하가랴 배우자, 하가랴 자녀가 있다. 그러나 하가랴 같은 그들 때문에 내가 주님 앞으로 나올 수 있었다는 것을 잊지 말아야 한다. 그들이 내 인생을 어둡게 하고 방해한 것이 아니라 '여호와께서 어둡게 하시고 방해하셨다'는 것을 알아야 한다. 그런 구속사적 고난을 깨달아야 내 인생을 제대로 해석할 수 있다.

예수님을 만나기 전에는 부모가 무능력해서, 자녀가 문제를 일으켜서 내 인생이 어둡다고 생각한다. 골치 아픈 가족이 내 인생을 방해하는 것 같다고 생각한다. 그러나 그 어두움과 방해 때문에 내가 하나님을 찾고 하나님을 만나게 된 것이다.

나를 구속하시는 하나님을 믿는다면 하가랴가 나를 어둡게 한 것이 아니라 그조차 하나님이 계획하신 환경이었음을 인정해야 한다. 하가랴가 내 인생을 그르치고 방해했다고, 그래서 내 인생이 고난 가운데 있다고 원망하고 투덜거리는 것이 아니라 '여호와께서 어둡게 하시고 방해하셨다'라는 고백이 절로 나와야 한다. 하나님께서 내게 나의 '하가랴'를 허락하신 것은 나로 하여금 여호와의 위로를 받는 '느헤미야'가 되라고 주신 축복이다. 그러니 나의 하가랴는 원망의 대상이 아닌 자랑거리다. 그런즉 고난은 나의 자랑거리다.

정말 이겨 내기 힘든 고난 가운데 있어도 그것 때문에 기도하면 하나님이 어느 누구보다 그 기도를 들어주신다. 그 한 사람 때문에 교회 전체를 멸망시키지 않고 변화시켜 주신다.

교회도 잘난 한 사람 때문이 아니라 고통받는 한 사람 때문에 부흥한다. 고난 중에 있는 사람이 많을수록 교회가 부흥한다. 그들의 기도는 어느 누구보다 뜨겁고 진실하기 때문이다. 고통 중에 있는 사람들은 하나님 없이 살 수가 없다. 오직 하나님만 바라본다. 하나님은 그런 자의 기도에 귀 기울이실 수밖에 없다.

하나님은 고통받는 한 사람의 기도를 결코 멸시하지 않으신다. 귀하게 여기신다. 그러므로 내 고통, 내 고난에 대해 자부심을 가져야 한다.

우리들교회는 내 고난 가운데 드린 기도의 응답이다. 나 한 사람의 고통을 시작으로 우리들교회가 세워졌다. 하나님께서 내게 고난을 주심으로 내가 뼛속 깊이 죄인이라는 것을 알게 되었고, 기도밖에는 할 수 있는 게 없었다. 나 한 사람의 고난에서 시작된 간절한 기도 때문에 결국 많은 사람이 살아났다. 이보다 더한 영광이 어디 있겠는가?

그래서 고난이 축복인 것이다.

고난을 이기는 기도의 비밀

초대교회 당시 그리스도인들은 로마 식민 치하에서 많은 핍박을 받았다. 로마 군대의 추적을 피해 외곽으로, 더 외곽으로 가다가 지하 공동묘지에 숨었다. 그곳이 카타콤이다. 묘지는 누구라도 가기 싫어하는 곳이기 때문에 군대의 추적을 피할 수 있었다.

카타콤이 있는 지역은 응회암 토질로 무른 땅이라서 파기도 쉬웠고, 일단 파서 집을 만들면 끄떡없이 견고했다. 그래서 지하 5층까지 파고 들어가 무덤을 만들었다고 한다.

카타콤은 총 120개에 총 길이 900킬로미터로 거의 2천 년 동안 드러나지 않고 있다가 1854년 지오반니 바티스타 데 로시라는 사람에 의해 그곳이 시신을 두는 곳임을 밝혀냈다. 발굴 당시 시신 600만 구가 발견되었다.

바울은 자신을 예수 그리스도의 종, 새 한 마리 값보다 못한 천하디천한 종이라고 했지만(롬 1:1), 그보다 더 비참하게 산 사람들이 카타콤에서 300년을 살았던 그리스도인들이다. 그들은 한평생을 지하 공동묘지에서 보냈으며 무려 300년 동안 대를 이어 살았다.

우리의 고난이 아무리 길다 해도 300년과 비교할 수 있겠는가! 믿음 때문에 핍박받는 중에도, 끝이 보이지 않는 고난 중에도 이렇게 큰 역사가 이루어진다. 하나님이 나에게 힘든 것을 요구하시는 것은 나를 통해 이루실 역사가 크기 때문이다.

카타콤 가까이에는 5만 석 규모의 원형 경기장이 있었다. 로마 황제는 경기장 한가운데에 일주일 동안 굶은 사자를 데려다 놓고 그리스도인을 내몰았다. 그리고 옆에 황금마차를 대기시켜 놓았다. 로마 황제는 굶주린 사자 옆에 선 그리스도인들에게 이렇게 말했다.

"네가 지금이라도 예수가 주(主)인 것을 부인하고 로마의 황제를 주로 고백하면 이 황금마차에 태우고, 영원히 안락한 삶을 보장받을 것이다. 황제가 너의 주라는 한마디만 하면 너의 인생은 보장된다."

그런데 놀랍게도 300년 동안 황금마차를 탄 그리스도인은 단 한 명도 없었다. 수많은 그리스도인들이 원형 경기장에서 사자의 밥이 되거나 말뚝에 묶여 화형을 당했다. 그 모습을 지켜보면서 흔들리는 성도는 없었을까? 당연히 있었을 것이다. 형제의 시신이 카타콤으로 돌아오는 것을 볼 때마다 얼마나 회의

가 들었겠는가! 지하에 숨어 그렇게 비참하게 사는 것은 또 얼마나 힘들었겠는가.

당시 로마에게 학대받던 그리스도인은 고난이 컸기에 그만큼 기도가 간절했다. 하나님은 이스라엘 백성이 애굽에서 나와 가나안 땅에 가기를 원하셨다. 그러나 로마에서는 그들의 삶을 통해 로마인들이 변화되기를 원하셨다. 이스라엘 백성은 로마에서 애굽보다 더한 학대를 받았다. 하지만 그토록 심한 고난을 받고도 천국을 소망하는 믿음을 지키며 더욱 뜨겁게 기도했다.

로마에 의해 성전이 처참하게 불태워졌을 때 예수를 믿은 나병환자, 창기 등은 한 사람도 죽지 않았다고 한다. 예수님이 하신 말씀을 듣고, 그 말씀을 기억했기 때문이다. 로마군이 진격했을 때 어떤 소유에도 집착과 미련을 보이지 않고 요단강을 건너 헤르몬 산으로 도망간 것이다. 말씀을 믿은 사람은 다 도망갔기에 한 명도 죽지 않았다. 이렇듯 하나님 말씀을 귀담아듣는 것이 살길이다. 내 환난이 감해지려면 말씀에 귀 기울여야 한다. 기도에 힘써야 하고, 순종해야 한다.

"너희 중에 고난당하는 자가 있느냐 그는 기도할 것이요"(약 5:13)

우리의 고난 중 가장 힘든 고난은 병에 걸리는 것이다. 그래서 병 낫기를 소망하며 여기저기 기웃거린다. 그런데 믿음의 기도는 병든 자를 일으킨다. 믿음의 기도를 하면 "죄를 범하였을지라도 사하심을 받으리라"(약 5:15)고 했다. 죄 사함의 문제는 구원과 직결된다. 아픈 때야말로 구원의 때다. 병이 낫는 것이 목적이 아니고, 이때에 죄 사함을 받고 구원을 얻는 것이 먼저다. 그래서 믿음의 기도는 병든 자를 "고치리니"가 아닌 "구원하리니"이다. 질병의 고난을 통해 죄 사함을 얻으리라는 것이다.

그러므로 하나님이 우리로 하여금 하나님을 알게 하려고 질병이라는 고난을 주셨는데 그저 병 낫기만 원해선 안 된다. 병이 낫는다고 해서 무조건 축복이 아니다.

암에 걸려도 믿음으로 극복해야 한다. 믿음으로 극복한다는 것이 무엇인가? "괜찮아, 다 죽는 건데 뭐. 난 아무렇지도 않아" 하는 것이 아니다. 암에 걸린 상태에서도 하나님께 모든 영광을 돌리고, 더 아픈 사람들을 찾아가서 위로하며, 소망과 비전을 주고, 도움을 주고, 그 투병중인 모습을 통해 성령의 얼굴을 보이면서 예수 믿으라고 말하는 것이 믿음으로 극복하는 일이다.

몇 해 전 늦은 밤에 어느 자매의 임종예배에 참석한 적이 있다. 그 늦은 시간에도 많은 지체들이 와 있었다. 나는 임종예배를 인도하면서 "병든 자를 일으키기 위해 각자 자기 죄를 고하라"고 했다. 지체들이 돌아가면서 애통하게 자기 죄를 고백했는데, 암 투병 중인 자매가 "천국 갈 확신은 있는데, 무슨 죄를 고해야 할지 모르겠다"고 했다. 그래서 내가 그 자매에게 일러 주었다.

"오랫동안 투병하면서 찾아오는 지체들에게 미안한 마음, 죄 송한 마음이 왜 들지 않느냐, 왜 그것을 당연히 여기고 받는 것 에 익숙해져 있느냐, 지난 검사 때 암 수치가 정상으로 나왔을 때 왜 찬양하지 않았느냐, 왜 그 일을 복음 전도의 기회로 삼지 않았느냐?"

임종예배에 가서 위로만 해 주면 좋겠지만, 마지막 가는 길에 라도 우리 양심이 깨어져서 자기 죄를 보아야 하는데 이 자매가 천국 갈 확신은 있다면서도 자신의 죄를 몰랐다. 그래서 자매를 붙잡고 다 함께 눈물의 회개기도를 드렸다. 그리고 앞으로 남은 시간이라도 내 죄를 고하고, 안타까운 마음으로 찾아오는 이들 에게 복음을 전하라고 당부했다.

"그러므로 너희 죄를 서로 고백하며 병이 낫기를 위하여 서로 기도하라 의인의 간구는 역사하는 힘이 큼이니라"(약 5:16)

죄를 서로 고하는 것이 먼저이고, 병이 낫기를 위해 기도하는 것은 그다음이다. 의인이란 하나님 앞에서 내가 죄인이라고 기도하는 사람이다. 이들의 간구가 역사하는 힘이 크다. 이것을 뒤집어서 해석하면 '죄를 감추어 두고 드리는 기도는 아무런 응답을 받을 수 없다'가 된다. 내 죄를 모르고 기도하면 치유가 되어도 여전히 죄악된 삶을 살 수밖에 없다.

> "엘리야는 우리와 성정이 같은 사람이로되 그가 비가 오지 않기를 간절히 기도한즉 삼 년 육 개월 동안 땅에 비가 오지 아니하고 다시 기도하니 하늘이 비를 주고 땅이 열매를 맺었느니라"(약 5:17-18)

엘리야는 유대인들이 가장 존경하는 선지자 중 한 사람이다. 죽음을 맛보지 않고 회오리바람을 타고 승천했다(왕하 2:11). 그는 북이스라엘이 극심한 우상숭배를 할 때 바알과 아세라 선지자 850명을 죽이는 혁혁한 공을 세우기도 했다. 그런데 이세벨이 죽이려고 하자 '걸음아, 나 살려라' 도망가서는 실의에 빠져서 하나님께 자신을 그냥 죽여 달라고 했다. 하나님은 바람, 지진, 불 가운데서도 말씀하시지 않다가 나중에야 세미한 음성을 들려주셨다(왕상 19:12). 엘리야는 그 음성을 듣고 나서야 '나 혼자 할 수 있다'는 교만과 아집을 내려놓았다. 비로소 '나는 통로일 뿐'임을 인정했기 때문이다. 그 후 엘리야는 선지자의 자리를 엘리사에게 넘겨주고 자신은 승천했다.

그 엘리야가 아합과 이세벨을 위해서 기도했다.

당시 이스라엘의 왕 아합은 그의 아내 이세벨이 들여 온 우상을 숭배하면서 온갖 악을 저질렀다. 그럼에도 상아궁에 거하면서 정치적으로는 승승장구했다. 그래서 엘리야는 '비 오지 않기를' 기도하여 천재지변을 통해서라도 그들에게 하나님을 알리고자 했다. 예레미야, 이사야, 아모스 등 구약의 선지자들은 '먼저 파괴하고 무너지고 망한 뒤에 심고 건설해야 한다'고 한결같이 외쳤다(렘 1:10).

하지만 막상 이스라엘에 기근이 오자 엘리야는 다시 비 오기를 기도했다. 하나님은 '땅이 열매를 맺을 만큼 알맞게' 비를 주셨다(약 5:18). 홍수를 퍼부은 것도 아니고, 간신히 해갈할 정도로 적게 준 것도 아니었다. 하나님은 결코 기적으로 응답하시지 않는다. 은혜로 응답하신다. 그 은혜로 '내게 가장 적당한 것'을 주신다.

엘리야의 기도에 다시 비는 내렸지만, 그럼에도 불구하고 아합과 이세벨은 돌아오지 않았다. 모세가 그렇게 외쳤어도 바로가 돌아오지 않은 것처럼 말이다. 악인은 고난 가운데서도 회개함이 없고, 기도하지도 않는다. 오직 의인만이 기도한다. 하나님은 의인 엘리야의 기도에 응답하셨고 그로 인해 이스라엘 백성은 고난에서 벗어날 수 있었다.

침묵으로, 인내로 기도하라

하나님이 시련을 주시는 목적은 오직 하나, 나를 낮추고 거룩하게 하시려는 것이다. 남편을 이기고, 아내를 이기기 위해 싸우는 것이 내가 치러야 할 전쟁의 목적이 아니다. 자녀가 정신차려서 공부하도록 다그치는 것이 전쟁의 목적이 아니다. 오로지 나의 거룩을 위해 나를 연단하는 것이 목적이다. 따라서 그전쟁은 나의 전쟁이 아니라 하나님의 전쟁이다. 그러므로 세상방법이 아니라 하나님의 방법으로 싸우며 기도해야 한다.

이스라엘 백성이 출애굽하여 요단강을 건넌 후 여리고에 도착했을 때 "총, 칼 들고 싸워서 정복하라" 하시지 않고 성 주위만 돌라고 하셨다. 게다가 외치지도 말 뿐만 아니라 입에서 아무 소리도 내지 말라고 하셨다.

아니 이게 무슨 작전인가? 백성들은 이해할 수 없었다. 적들을 향해 돌격하지 말고 그저 침묵하고 기도나 하며 여리고 성을 빙빙 돌라니! 일개 소대도 아니고 무려 60만 명이 몰려가서 아무 소리도 내지 말라니, 백성으로선 이보다 더 대책 없는 작전은 없었다. 교회 안에서도 몇 명만 모이면 의견이 갈라진다.

몇 백 명이 모이면 몇 백 개의 의견이 나온다. 그런데 60만 명에게 침묵하라 하셨다. 그것도 하루 이틀도 아니고 엿새 동안이나(수 6:3)!

당시 이스라엘 백성들에게 엿새란 정말 끝도 없이 긴 시간 같았을 것이다. 강한 대적 앞에서 침묵하고 있자니 너무나 불안하고 막막했을 것이다. 백성 중에는 믿음 없는 사람들도 더러 있었을 것이다.

"이래 가지고서야 전쟁에서 어떻게 이깁니까? 이걸 작전이라고 합니까? 적들이 바봅니까? 화살이 날아와도 막을 재간이 없는데 어찌 이깁니까? 우리가 죽으면 책임질 거예요?"

여리고 성을 도는 동안 이런 의견을 가진 사람들이 얼마나 많았겠는가.

그런데 하나님은 늘 옳으시다. 60만 명이 여리고를 돌며 저마다 의견을 내면 이 전쟁은 100프로 질 수밖에 없었을 것이다. 그리스도인은 구원 때문에 침묵할 때와 외칠 때를 분별할 수 있어야 한다. 그리고 그 '때'는 여전한 방식의 예배와 기도가 아니고는 깨우치기 어렵다.

하나님께서 왜 침묵하라고 하시는지 이해가 되지 않아도, 우리는 그 말씀을 붙들고 묵상해야 한다. 그렇지 않으면 "아니 내가 입이 달려서 왜 말을 못해? 여기가 공산당이야?" 하고 볼멘

소리가 나오지 않을 수 없다. 내가 잘났다고 생각할수록 순종이 안 되기에 피 터지는 전쟁을 날마다 치르게 된다.

믿지 않는 강퍅한 남편이 있다면 "교회 가자"고 주일 아침마다 떠들고 전쟁을 치를 것이 아니라 잠들어 있을 때 조용히 손을 얹고 기도하라. 시아버지라면 구두끈이라도 붙잡고 기도하라. 시어머니라면 그저 조용히 "어머니" 하면서 하루에 한 번씩 안아 드리고 기도하라.

도무지 무너지지 않을 것 같아 보이는 성이라 할지라도 그저 순종하며 도는 것이 성도의 삶이다. 그러고 있으면 드디어 나의 칠 일째 새벽이 온다.

그런데 하나님은 칠 일째 되는 날엔 일곱 번 돌라고 하셨다. 엿새 동안 하루에 한 번씩 여섯 번을 돌고, 칠 일째는 일곱 번을 돌면 모두 합해서 열세 번을 도는 셈이다. 13이라는 숫자는 내 힘으로는 못 당하는 세력을 상징한다. 문제가 해결되기에 앞서 마지막으로 가장 칠흑 같은 어둠이 온다. 그러니 더 애통한 마음으로 끝없이 돌라는 것이다. 그럼에도 이 세상에서 칠 일째의 영광을 누리지 못한다면 그렇게 끝없이 돌다가 천국 가면 되는 것이다.

예수님을 만나기 전에는 부모가 무능력해서,
자녀가 문제를 일으켜서 내 인생이 어둡다고 생각한다.
골치 아픈 가족이 내 인생을 방해하는 것 같다고 생각한다.
그러나 그 어두움과 방해 때문에
내가 하나님을 찾고 하나님을 만나게 된 것이다.

하나님 아버지, 예수님을 믿고 말씀대로 살려고 하니 인생이 온통 고난입니다. 이전에 좋아하던 세상적인 것들을 끊어야 하는 것부터가 고난입니다. 이전의 나는 죽어 없어지고 새로운 피조물로 거듭나야 하는데, 육신의 정욕과 안목의 정욕, 온갖 이생의 자랑을 끊을 수 없어서 고난입니다.

주님을 믿으면 '불행 끝, 행복 시작'인 줄로만 알았는데, 환경이 달라진 게 없으니 사는 것도 여전히 힘듭니다. 질병과 경제적인 어려움, 가족 간의 갈등도 여전합니다. 어느 것 하나 나아진 것이 없습니다. 자식은 입학시험에 떨어지고, 회사는 망하고, 믿었던 남편은 바람을 피우는데, 저를 이토록 괴롭히고 못 살게 구는 사건들이 저의 온전함을 위한 것이고, 부족함이 없게 하시려는 하나님의 사건이라는데, 제 믿음으로는 도저히 이해가 안 됩니다. 누구든지 육이 무너지지 않으면 영이 세워질 수 없기에 이런 저런 고난을 알맞게 주신다지만, 말씀만 붙들고 참고 견디기엔 너무나 힘이 듭니다.

하나님 아버지, 고통스러운 사건이 찾아와도 슬퍼하지 말고 도리어 기뻐하라고 하십니다. 이제라도 고난이 축복이라는 말씀이 이해되길 원합니다. 고통과 슬픔의 사건들이 나와 함께 가고자 하시는 하나님의 깊은 배려이고 사랑임을 깨달을 수 있도록 믿음과 지혜를 허락하옵소서. 이 고난 가운데서 내 죄를 보게 하옵소서. 고난 가운데 뼛속 깊이 내가 죄인이라는 것을 알게 하옵소서. 그 고난 때문에 기도에 매달리게 하옵소서. 그 간절한 기도로 인해 결국 많은 사람이 살아나는 영광을 허락하옵소서. 내게 주신 이 고난이 세상 그 무엇과도 바꿀 수 없는 축복임을 깨닫는 인생이 될 수 있도록 믿음을 허락하옵소서.

평생 고난의 굴레에서 벗어나지 못한다 하더라도 늘 애통한 마음을 품고 끝없이 여리고 성을 도는 인생이 될 수 있도록 붙잡아 주옵소서. 비록 이 세상에서 칠 일째의 영광을 누리지 못한다 하더라도 그렇게 끝없이 돌다가 천국 가는 인생이 될 수 있도록 축복하옵소서. 예수님의 이름으로 기도합니다. 아멘.

Q 내가 끊기 힘든 세상의 유혹은 무엇입니까? 그 유혹을 끊기 위해 기도하고 있습니까? 믿음 생활을 함으로 인해 받은 고난은 무엇입니까? 내 욕심 때문에 겪어야 했던 고난은 무엇입니까? 그 고난 때문에 기도한 적이 있습니까? 그 기도에 주님은 어떻게 응답하셨습니까?

Q 내 인생길을 어둡게 하고 방해하며 고통을 안기는 '나의 하가랴'는 누구입니까? 그 하가랴가 나 때문에 수고하고 있다는 것을 인정합니까? 그 덕분에 내가 주님 앞으로 더 가까이 나올 수 있었다는 것을 인정합니까? 그를 위해 기도하고 있습니까?

Q 내게 시련을 주시는 이유가 나로 하여금 온전함을 이룰 수 있도록, 부족함이 없는 인생이 되도록 하기 위함임을 인정합니까? 고난의 때일수록 잘 인내하며 기도하고 있습니까? 난공불락의 여리고 성 같은 내 옆의 가족을 위해서 하루에 한 번씩 돌면서 기도하고 있습니까?

Q 고난이 축복이라는 말씀이 인정됩니까? 내 인생 최고의 축복이 된 고난의 사건이 있습니까? 고난이 있어도 내 죄를 감춘 채 기도하고 있지는 않습니까? 몸이 아파도 기도에 힘쓰며 하나님께 모든 영광을 돌리고 있습니까?

06

"중보합니다!"
영혼 구원을 위한
중보기도

내게 복을 되돌려 주는 중보기도

바울은 "우리가 너희를 위하여 기도할 때마다… 감사하노라"(골 1:3)고 했다. 살아갈수록 주 안에서 같이 기도할 지체가 있다는 것이 얼마나 감사한지 모른다. 교회 홈페이지에는 성도들의 기도 요청이 끊임없이 올라온다. 뿐만 아니라 집회에 가서도 성도들의 기도 부탁을 많이 받는다. 그 기도가 응답을 받으면 다들 "목사님이 기도해 주신 덕분이에요. 감사합니다" 하는 인사를 잊지 않는다. 그럴 때마다 나는 "아, 네. 제가 기도 참 많이 했지요" 하고 생색을 낸다.

그런데 바울은 내가 기도한 것이 아니라 '우리가 기도했다'고 한다. 그 차이가 뭘까?

우리는 죄 이야기를 하면서 흔히 '내가' 죄인이 아니라 '우리가' 죄인이라고 한다. 하지만 칭찬받을 일이 있으면 '내가' 했다고 한다. 또 기도 응답이 없으면 '우리'가 기도 안 해서 그렇다고 하고, 기도 응답을 받으면 '내가' 기도해서 그렇다고 말한다. 이것이 우리다. 그러나 바울은 '내가 너를 위하여 기도했다'고 자랑하지 않고 '우리가 기도했다'고 공동체에 그 공(功)을 넘기고 있다.

바울처럼 '우리가 기도했다'고 하려면 무엇보다 함께 기도할 '우리'가 있어야 한다. 내가 기도해야 할 지체들이 있어야 한다. 같은 아픔을 가지고 중보기도하는 지체가 있어야 한다. 그렇게 지체를 위해 중보기도하다 보면 서로에게 감사의 마음이 생긴다.

바울은 로마의 교인들에게 편지하며 "너희와 나의 믿음으로 말미암아 피차 안위함을 얻으려 함이라"(롬 1:12)고 했다. 사랑은 일방적인 것이 아니다. 바울도 격려가 필요했다.

남을 위해 중보기도를 열심히 하면 그 기도가 누구에게 돌아갈까? 중보기도 사역을 하는 분들은 남을 위해 드리는 기도가 곧 자신이 복을 받는 비결임을 누구보다도 잘 안다. 누가 어려움이 있어서 나를 찾아왔을 때 그 사람을 돕는 것이 내가 복을 받는 비결이라는 것을 알아야 한다.

예전에 유럽 코스타(KOSTA)에 갔을 때 어떤 자매를 만났다. 그 먼 곳에서도 우리들교회를 너무나도 사모하는 분이었다. 당시만 해도 유럽에서는 인터넷이 느려서 메일 확인도 어려웠다. 그런데도 이 자매는 눈이 아프도록 우리들교회 홈페이지를 보았다. 우리들교회에 대해서 모르는 것이 없었다. 내가 전한 말씀도 꿰고 있었다. 더욱 놀라웠던 것은 이 자매가 우리들교회 성도들의 간증과 나눔을 보고 듣고 자신의 삶에 그대로 적용했을 뿐만 아니라 우리들교회 성도들을 위해 심지어 금식까지 해가며 중보기도를 하고 있다는 것이었다.

"저는 우리들교회 사명에 동참하고 싶었습니다. 중보기도를 하면서 많은 은혜를 받았습니다. 다른 분들의 아픔이 전해지기에 가능했습니다. 그렇다 보니 제 문제가 저절로 풀려서 이제 눈도 서서히 좋아지고 있습니다."

자매는 우리들교회 성도들을 위해 중보기도 하면서 자신의 문제도 해결되고 있다고 했다. '너희를 위하여 기도했는데 내게 복을 주셨다'는 것이다. 세계 곳곳에서 시간과 공간을 초월하여 형제의 사랑으로 중보기도 하는 분들이 있어서 참 감사하다.

'너희를 위하여' 기도하는 '우리'

내가 암에 걸려 보니 감사함으로 간증을 하지만 육신의 아픔은 어쩔 수가 없다. 견디기 힘든 진통과 두려움, 외로움은 어쩔 수가 없다. 하루는 괜찮다가도 또 하루는 흔들린다. 우리는 이렇게 날마다 영적 전쟁을 치른다. 이때 중보기도와 격려 없이는 영적 전쟁에서 승리하기가 힘들다.

질병으로, 경제적인 문제로, 사람 관계로 인해 고난을 겪는 지체들이 너무나 많다. 그렇게 힘든 가운데서 치열한 영적 전투를 하는 지체들을 만나면 서로 손을 안 잡을 수가 없다. 서로 위해 기도하지 않을 수 없다.

끝없이 되었다 함이 없는 내 곁의 식구들, 고난 가운데 있는 지체들을 위해 끊임없이 기도해야 한다. 하나님은 오늘도 우리에게 그들을 위해 시내 산으로 올라가라고 하신다. 그 산에 올라가 나라를 위해, 교회를 위해, 내게 맡겨 주신 공동체와 가정을 위해 기도하라고 하신다.

남편의 구원을 위해 한참 기도하던 때, 문득 남편의 인생이 너무 허무하다는 생각이 들었다. 그래서 "남편이 개미처럼 일만 하다가 가지 않게 해 달라"고 기도했다. 그런데 그날 저녁 남편이 집에 돌아와서 "내가 왜 개미처럼 일만 하는지 모르겠어! 인생이 허무하단 말이야"라고 했다. 즉시 기도 응답이 이루어진 것이다. '아! 하나님께서 내 기도를 한마디도 빠뜨리지 않고 들어주시는구나!' 하나님이 나의 기도를 즉각 들어주시는 것이 너무 기뻤다. 그러나 그 기쁨 때문에 날뛰지는 않았다.

하나님의 기도 응답에 대한 진정한 감사의 표현은 '내 가장 소중한 것'을 깨뜨리는 것이다. 나는 그날부터 내 생명을 거둬 가서라도 남편을 구원해 달라고 기도했다. 내 생명을 깨뜨렸다. 나는 워낙 겁이 많고 두려움이 많은 사람이다. 그런데도 생명을 내놓고 기도하자 나도 모르게 담대함이 생겼다. 하나님이 주시는 용기였다. 마침내 생명을 내어 놓는 기도로 남편이 구원되었다.

다윗은 자기 때문에 이스라엘에 전염병이 돌았을 때 "나와 내 아버지의 집을 치소서"(삼하 24:17) 하고 기도했다. 가장 소중한 자기 식구를 내려놓았다. 하나님이 그 기도를 들으시고 전염병을 그치게 하셨다. 중보기도는 이런 마음가짐으로 해야 한다. 내 가장 소중한 것을 내려놓으면 두려울 것이 없다.

미운 사람을 위해서도 중보기도를 해야 한다. 그렇게 끊임없이 기도하다 보면 미움이 정복된다. 아무리 미워도 기도하면서

"하나님, 저 미운 인간을 죽여 주세요" 하고 기도하는 사람은 없다. 밉지만 기도하다 보면 하나님이 나의 상한 마음을 바꿔 주신다. 미운 너보다 너를 미워하는 나의 죄를 회개하게 하신다.

기도하면 하나님의 사랑에 감사하게 되고, 내가 아무리 미워하던 사람이라도 그 사람의 수준과 형편을 헤아리게 된다. 힘든 사람들에게 다가갈 '좋은 길'은 그 사람의 수준으로 내려가는 것이다. 예수님이 우리를 위해 육신을 입고 내려오신 것처럼.

3년간 별거를 하다가 마침내 이혼에 합의했으나 우리들교회에 나온 뒤 이혼 결심을 바꾼 집사님이 있다. 집사님은 교회 지체들의 중보기도 덕분에 자신의 가정이 살아났음을 알았고, 자신도 다른 사람을 중보해 주기 위해 중보기도학교에 등록했다. 그러던 어느 날 집사님에게 중보기도 요청이 들어왔다.

"학원을 경영하는 언니가 자신이 가르치고 있는 여학생 이야기를 했습니다. 아빠의 외도로 이혼 위기에 있는 부모로 인해 아이가 학원에만 오면 오열을 한다는 것입니다. 중보기도학교를 신청하고 얼마 안 되어 듣게 된 소식이라 자연스럽게 조별 기도 제목으로 올렸습니다. 얼굴도 이름도 모르고, 자세한 사정도 모르지만 그 가정의 회복과 구원을 위해 조원들과 함께 기도하기 시작했습니다."

얼마 후 집사님은 그 아이의 엄마를 만났고, 몇 차례 거절당한 끝에 교회 예배에 초청할 수 있었다. 아이 엄마는 교회에서 대접받는 것이 처음이라며 예배 후 참 많이 우셨다. 그리고 마침내 목장 모임에도 참석해 어려운 속내를 털어놓기 시작했다. 아이 엄마는 남편의 외도로 인해 약간의 위자료를 들고 혼자 집을 나왔지만 딸을 데려올 수도, 집에 다시 들어갈 수도 없는 상황에서 극도의 분노와 외로움, 공허함에 사로잡혀 있었다. 그러나 이혼하려다 재결합한 집사님의 사연을 듣고는, 조금씩 말씀이 들리기 시작했다. 얼마 지나지 않아 2주마다 만나는 초등학생 딸도 예배에 나오게 되었다.

집사님은 여기에 만족하지 않고 아이 아빠한테도 연락해서 목장 참석을 권유했다. 놀랍게도 온 가족이 함께 목장예배를 드리게 되었다. 그러나 그 기쁨도 잠시, 아이 엄마가 지방에 일자리가 생겼다며 당분간 예배에 참석하기 힘들다는 말만 남기고 공동체를 떠나 버렸다. 한 가지 다행인 것은, 아이 엄마가 지방에 내려가는 바람에 합의 이혼 자리에 참석하지 못하게 되었고, 이로써 이 부부의 이혼도 당분간 미뤄지게 되었다. 하지만 아이 엄마는 아직 주님 품으로 돌아오지 않고 있다.

그렇게 중보기도를 했음에도 되었다 함이 없는 모습을 보노라면 지치고 힘이 들게 마련이다. 그럼에도 우리는 한 영혼을 위한 중보기도의 끈을 놓지 말아야 한다. 여전히 되었다 함이 없어도 죽어 가는 영혼을 살리는 길은 오직 우리의 중보기도밖에 없기 때문이다.

나는 시집살이할 때 시어머니에 대해 불평이 많았다. '어쩌면 이렇게 외출도 못하게 하고, 걸레 검사까지 하면서 나를 괴롭힐 수 있는가!' 미울 때도 많았다. 그런데 내가 거듭나니 시어머니의 마음을 헤아리게 됐다. 소학교도 안 나오신 어머니가 대학까지 나온 며느리 넷을 보려니 얼마나 외로우셨을까, 이해가 되었다. 살림 실력으로나마 며느리보다 나은 모습을 보여 주고 싶으셨다는 것을 나중에야 알았다.

거듭나기 전에는 앉아도 무릎을 꿇었고 항상 눈을 내리깔고 "네, 네"만 했다. 거듭나고 나서야 어머니와 어울리기 시작했다. 오직 어머니의 구원을 위해서였다. 같이 방에 누워서 뒹굴기도 하고 잠도 잤다. 어머니도 서서히 마음을 열어서 내 앞에서 시아버지 흉도 보고, 나를 따라 기도도 했다.

미운 사람을 위해 중보기도 하려면 그 사람 수준으로 내려가야 한다. 그래야 지혜가 생긴다. 상대방을 이해하려는 노력을 하지 않으면 '도저히 이해 못할 인간'이라고 욕할 수밖에 없다.

나의 큐티 사역이 여기까지 확장될 수 있었던 것은, 하나님이 내게 상대방의 수준으로 이야기하는 은혜를 주셨기 때문이다. 무학이신 시어머니를 섬기는 동안 그렇게 훈련되었다. 나이 드신 어머니를 전도하는데 "로마 역사가 어쩌고저쩌고" 하고, "무조건 성경을 보세요" 하면 은혜를 받겠는가? 그 사람이 이해할 수 있는 수준으로 내려가야 한다. 좋아하는 음식도 대접하고, 어깨도 주물러 드리고, 같이 누워서 뒹굴기도 해야 한다.

하나님의 뜻을 돌이킨 모세의 중보기도

출애굽한 이스라엘 백성은 하나님의 말씀을 받으러 시내 산에 올라간 모세가 오랫동안 내려오지 않자, 금송아지를 만들어 "이스라엘아 이는 너희를 애굽 땅에서 인도하여 낸 너희의 신이로다" 하면서 번제와 화목제를 드렸다(출 32:1-6). 뿐만 아니라 먹고 마시며 춤을 추었다.

기도 응답이 되었으면 곧장 주어진 사명을 위해 나아가야 하는데 거기서 "노세, 노세" 하고 있었던 것이다. 하나님은 안중에도 없었다. 이에 진노한 하나님이 '목이 뻣뻣해진' 그 백성을 진멸하려 하자 모세는 그들을 위하여 간절히 중보기도를 드린다.

"어찌하여 그 큰 권능과 강한 손으로 애굽 땅에서 인도하여 내신 주의 백성에게 진노하시나이까… 주의 맹렬한 노를 그치시고 뜻을 돌이키사 주의 백성에게 이 화를 내리지 마옵소

서"(출 32:11-12)

모세의 이 같은 중보기도를 들으시고 하나님은 뜻을 돌이켜 그 백성에게 화를 내리지 않기로 하신다(출 32:14). 이렇듯 우리와 너희를 위하여 중보기도 하면 하나님이 뜻을 돌이키기도 하신다. 결국 승리하게 하신다. 중보기도의 힘은 이토록 대단하다.

그런데 여기서 하나님의 기도 응답을 받은 후 모세의 태도를 눈여겨볼 필요가 있다. 모세는 기도가 응답된 후에도 결코 기뻐하지 않았다. 진에 가까이 이르러 금송아지 앞에서 춤추는 모습을 보고 기가 막혀서 하나님 앞에 얼굴을 들 수가 없었다. 모세는 "크게 노하여" 손에서 그 돌판을 산 아래로 던져 깨뜨린다(출 32:19). 이것은 자신을 깨뜨린 것이기도 하다. 기도 응답을 받았다고 기뻐 날뛰지 않고, 오히려 가장 귀한 것을 내려놓았다. 하나님의 은혜에 감사하기는커녕 여전히 우상숭배에 빠져 춤추는 그 백성을 위해서 살을 깎는 적용을 한 것이다.

중보기도는 이렇듯 나의 지체들 때문에 나의 가장 아까운 것을 던지는 것이다. 이런 태도야말로 진정한 믿음이다. 중보기도를 하려면 적어도 이런 믿음을 가져야 한다. 돌판이 아무리 소중해도 그것을 깨고 내려놓는 결단을 할 수 있는 사람만이 중보기도를 할 자격이 있다. 그래야 하나님의 진노가 더 이상 임하지 않는다.

이렇듯 우리도 하나님의 거룩한 본질을 훼손하지 않기 위해 형식적인 하나님의 형상을 버려야 한다. 아까운 돈이나 자식도 마찬가지다. 자식을 영적으로 살리기 위해서라면 자식을 버릴 수도 있어야 한다. 돈을 벌려면 돈을 버릴 수 있어야 한다. 건강을 찾으려면 건강을 버려야 한다. 목적이 돈이고 자식이고 건강이면 결국 모든 것을 잃게 되기 때문이다.

모세는 백성이 금송아지를 숭배한 죄패를 붙이고 가면서 분별을 하고, 아론에게 책임을 묻고, 브살렐과 오홀리압을 임명하는 등 하나님의 명령을 잘 수행했기에 구약의 대표적인 지도자가 되었다. "의인의 간구는 역사하는 힘이 큼이니라"(약 5:16)라고 했다. 지체들을 위해 기도하는 내가 의인이 되면 아무리 아까운 것을 내려놓아도 하나님은 돌려주신다. 최고의 응답을 주신다.

모세의 중보기도가 더욱 돋보이는 것은 그것이 일회성으로 그치지 않았다는 것이다. 돌판을 깨뜨리고, 금송아지를 불살라 부수고, 장신구를 떼어 내고, 회막으로 들어갔지만 아직도 무서워서 자기 장막에서 나오지 못하는 백성을 위해 다시 한 번 시내산으로 올라가서 여호와께 중보기도를 드렸다(출 33:12-16).

모세의 이러한 태도는 우리를 위하여 하나님이 자신의 독생자를 아낌없이 던진 예수 그리스도의 십자가를 예표하는 것이기도 하다.

느헤미야의 관심

"하가랴의 아들 느헤미야의 말이라 아닥사스다 왕 제이십년 기슬르월에 내가 수산 궁에 있는데 내 형제들 가운데 하나인 하나니가 두어 사람과 함께 유다에서 내게 이르렀기로 내가 그 사로잡힘을 면하고 남아 있는 유다와 예루살렘 사람들의 형편을 물은즉 그들이 내게 이르되 사로잡힘을 면하고 남아 있는 자들이 그 지방 거기에서 큰 환난을 당하고 능욕을 받으며 예루살렘 성은 허물어지고 성문들은 불탔다 하는지라"

(느 1:1-3)

느헤미야서의 역사적 배경은 바벨론에 의해 예루살렘이 불타고 이스라엘 백성이 포로 생활을 한 지 140여 년이 지난 무렵이다. 바벨론의 4대 도시 중 하나인 수산은, 바벨론이 망하고 바사 왕국이 세워지면서 수도가 되었다. 교통과 무역이 성행하고 고대 문서를 보관한 문화의 도시였다. 느헤미야는 그런 수산에서도 왕궁에 거하고 있으니 모두가 부러워하는 환경에 살고 있었다. 게다가 때는 '기슬르월'이다. 기슬르월은 유대력에 의하면 농사를 위해 씨를 뿌리는 달이다. 여호와의 위로를 받은 느헤미야는 복음의 씨를 뿌려야 할 사람임에도 왕궁에서 아닥사스다 왕과 교제하고 있으니 마냥 기쁠 수가 없었다. 복음을 전하고 싶어도 모든 것이 풍족한 왕궁에서 살며 최고 권력자로 행세하는 왕에게 복음이 들어갈 리 없었다. 복음의 씨를 못 뿌리고 있으니 느헤미야는 왕궁에 있어도 마음이 기쁘지 않았다.

느헤미야는 바사 제국 사람들도 부러워할 만한 환경에서 살면서도 동족의 형편과 소식에 늘 관심을 기울였다. 자신의 도움이 필요 없는 수산 궁의 사람들보다는 자신이 뭔가를 도와줄 수 있는 훼파된 예루살렘의 소식이 더 궁금했다. 그래서 동생 하나니와 함께 온 사람들에게 동족의 안부를 물었던 것이다.

그런데 그 대답이 느헤미야의 마음을 아프게 했다. '사로잡힘을 면하고 남은 자'들은 예루살렘으로 돌아갔지만 '큰 환난을 당하고 능욕을 받았다'는 것이다. 더구나 예루살렘이 훼파되고 불에 타 버렸으며 도시는 황무해져서 살 집도 없는 상태라는 것이다. 포로 생활이 끝났으니 이제 '고생 끝 행복 시작'인 줄 알았는데 동족들은 훼파된 환경에서 큰 환난과 능욕을 겪고 있었던 것이다.

느헤미야는 "이 말을 듣고 앉아서 울고 수일 동안 슬퍼하며 하늘의 하나님 앞에 금식하며 기도했다"(느 1:4). 관심을 가지고 고향 소식을 물었는데 힘든 소식만 들리니 얼마나 슬펐겠는가. 형제자매, 지체들이 훼파되었다는 소식을 들었건만 도와줄 방법이 없어서 슬펐고, 그들의 아픔을 생각하니 더 슬펐다. 내 힘으로 할 수 있는 것이 없기에 눈물로 기도할 수밖에 없었다. 그렇게 가족이나 지체의 아픔을 내 아픔으로 여기고 함께 눈물 흘리는 것이 능력의 중보기도다.

느헤미야는 "하늘의 하나님 여호와 크고 두려우신 하나님이여 주를 사랑하고 주의 계명을 지키는 자에게 언약을 지키시며 긍휼을 베푸시는 주여"(느 1:5) 하고 하나님을 부른 뒤 "우리 이스라엘 자손이 주께 범죄한 죄들을 자복하오니 주는 귀를 기울이시며 눈을 여시사 종의 기도를 들으시옵소서"(느 1:6) 하고 부르짖었다. 지체들의 죄를 자신의 것으로 여겨 자복했다.

우리도 이처럼 지체들의 훼파된 곳에 관심을 갖고, 훼파된 소식에 반응해야 한다. 그래야 복음의 씨를 뿌릴 수 있다. '위로자' 느헤미야는 지체를 위하여 관심을 가지고 중보기도로 도왔다. 그것으로 복음의 씨를 뿌리고 이스라엘의 회복에 앞장섰다. 느헤미야처럼 하나님의 위로를 받은 우리도 지체들을 위해 중보기도를 하고, 복음의 씨를 뿌리며, 영혼을 구원하는 일에 게을

리 하지 말아야 한다.

롯을 구한 아브라함의 중보기도

어떤 사람이 아침 일찍 장터에 나와 생선 가격을 물었다. 생선장수가 "만 원"이라 하니 그가 "생선이 너무 싱싱하고 먹음직스러운데 저한테 5천 원에 파시면 안 될까요?" 했다. 생선장수는 개시를 잘하면 하루 장사가 잘 될 성싶어 "알았수다!" 하고 흔쾌히 승낙했다. 그러곤 기분 좋게 생선을 막 토막 내려는데 손님이 쭈뼛거리며 "그런데, 저기⋯ 혹시 4천 원에는 안 될까요?" 했다. 생선장수는 순간 화가 났지만 그래도 손해 보는 건 아니니 천 원 더 깎아 주기로 마음먹고 생선을 다듬으려는데 손님이 다시 미적거리며 "혹시 3천 원에는 안 될까요?" 하는 것이었다. 생선장수는 이왕 인심 쓴 거 한 번 더 참자 하는데 손님은 이번에도 "저기요⋯ 화 내지 마시고⋯ 2천 원에는 혹시 안 될까요?" 했다. 생선장수는 하도 어이가 없어서 "아침부터 재수 없게, 당장 꺼져!" 하고 쏘아붙이려는데, 손님이 급기야 "가진 게 천 원밖에 없는데⋯" 하고 하소연을 했다.

당신이 생선가게 주인이라면 이 손님에게 어떻게 하겠는가? 당장에 내쫓든지, 욕을 퍼붓든지, 아침부터 재수 없다며 그 앞에 소금이라도 뿌리지 않겠는가?

그런데 입장을 바꿔서 생각해 보자. 집안 형편이 너무 어려워 제대로 먹지 못해 영양실조에 걸린 아이가 다 죽어 가는 소리로 "생선이 먹고 싶다"고 한다. 당신이 그 아이의 부모라면 어떻게 하겠는가? 가진 돈이라고는 탈탈 털어 봐야 단돈 천 원밖에 없다. 생선은커녕 당장 끼니를 이을 쌀 한 줌 살 돈도 안 되지만, 생선가게로 달려가 "영양실조에 걸려 다 죽어 가는 아이가 생선이 먹고 싶다는데, 가진 거라곤 천 원밖에 없어요. 천 원만 받으시고 이 생선을 저한테 파시면 안 될까요?" 하고 하소연이라도 해 보지 않겠는가?

맨 정신으로는 이 수치스럽고 개념 없는 짓을 어찌 할 수 있겠는가? 그러나 굶어 죽어 가는 내 아이를 생각하면 여섯 번이라도 할 수 있다. 나 때문에는 못해도, 내 자식을 위해서, 죽어 가는 다른 사람을 위해서는 할 수가 있는 것이다. 그런 간절함이 생선장수에게까지 전해진다면 단돈 천 원으로 만 원짜리 생선 한 마리를 살 수도 있을 것이다.

성경에도 이 부모처럼 죽어 가는 한 영혼을 위해 하나님께 개념 없는 애원을 한 인물이 있으니, 바로 아브라함이다. 하나님께서 소돔과 고모라를 심판하신다고 했을 때(창 18:20-21) 아브라함은 무엇보다 먼저 롯이 생각났다. 갈대아 우르에서부터 아들 삼아 데려온 혈육인 롯이 그곳에 있었던 것이다.

그런데 롯이 누구인가? 자신을 친자식처럼 사랑하고 아끼는 삼촌 아브라함의 재산을 가져 가고, 노른자위 땅을 다 챙겨 간 '몹쓸' 조카다. 아브라함은 롯 때문에 생명을 걸고 전쟁도 치렀지만, 롯은 완전히 애물단지였다. 그의 눈에는 소돔 땅이 여호와의 동산 같고 물댄 동산처럼 보였다. "가나안 땅보다는 거기가 훨씬 좋다. 예수 믿으면 누가 밥 먹여 주냐?" 이러면서 아브라함 곁을 떠났다. 그렇게 떠나서는 너무 잘 먹고 잘사느라 주님을 만날 틈이 없었다.

아브라함은 아들처럼 생각했던 롯이 구원과 점점 멀어지는데도 그저 눈물을 흘리며 기다릴 수밖에 없었다. 그런데 롯이 살고 있는 곳에 심판이 임한다는 소식을 들었다. 구원은커녕 롯에게 멸망의 때가 임한 것이다. 모든 걸 다 가져간 조카 롯만 생각하면 이가 갈려서 "그래, 나는 구원이고 너는 심판이야. 잘됐다. 그렇게 잘난 척하더니 맛 좀 봐라" 할 수도 있다.

부부관계도 마찬가지다. 날마다 무시하고, 폭력을 일삼고, 숨도 제대로 못 쉬게 굴다가 딴 여자와 눈이 맞았는지 아예 집을 나갔던 남편이 오늘 드디어 파산했다는 소식이 들린다. 불치병에 걸렸다는 소식이 들린다. 그러면 "쌤통이다. 천벌을 받았다. 고소해 죽겠네" 하는 것이 당연하다. 우리 인생이 대개 그렇지 않은가?

그런데 아브라함은 롯이 망하게 되었다는 소식을 듣고는 "이제 구원의 때가 왔구나" 했다. "이때라~ 이때라~" 찬양을 하며 롯의 구원을 위해 기도하기 시작했다.

하나님은 악하고 음란한 이 세상의 구원을 위해서 하나님을 멈춰 서게 하는 일꾼을 필요로 하신다. 아브라함이 그 일꾼으로 선택되었다. 아브라함을 통해 사라에게도 이야기하셨듯이, 하나님은 당신의 전령자로서 아브라함이 그 일을 하기 원하셨다.

하나님께 '묻자와 가로되'의 인생을 사는 사람들은 내 식구의 심판 소식을 듣고 날뛰지 않는다. 심판을 행하실 하나님 앞으로 나아간다. "다윗의 자손 예수여 나를 불쌍히 여기소서"(막 10:47)라고 외친 소경 바디매오의 기도가 예수님을 멈춰 서게 했다. 우리 가운데도 너무나 급박한 하루간의 심판에서 하나님을 멈추게 할 일꾼이 있어야 한다.

오늘도 곳곳에서 망하는 소식이 들리지 않는가? 우리는 이 사건들을 구원의 문제로 연결해 달라고 기도해야 한다. 이 망하는 사건을 통해 그들이 구원받을 수 있도록 기도해야 하는 것이다.

맥스 루케이도의 《믿음 연습》이라는 책에는 사무엘상 21장에 기록된 다윗에게 떡을 공급하는 제사장 아히멜렉의 이야기가 나온다. 다윗이 사울의 핍박을 피해 도망갔을 때 아히멜렉 제사장이 제사장들만 먹을 수 있는 떡을 음식으로 주고, 골리앗의 칼(다윗이 골리앗을 죽이고 챙겨 둔 전리품)을 무기로 쓰라고 챙겨 주었다. 나중에 아히멜렉 제사장은 이 일로 사울에게 죽임을 당했다(삼상 22장).

하나님은 마지막 날 심판대에 선 교회를 향해 "몇 가지 계명을 어겼느냐?"를 묻지 않으시고 "다윗처럼 절망적인 상황에 빠진 이들에게 얼마나 자주 베풀었느냐?"를 물으실 것이다. 교회는 음식과 무기 양쪽을 다 공급하기 위해서 존재한다. 그런데 누구를 돕는다는 것은 간단한 일이 아니다. 교회 안에는 누구에게 도움을 줄 만한 능력을 가진 사람도 흔치 않다. 십중팔구는 다 도망자 신분으로 교회에 들어선다. 갈 곳이 없어서 교회로 도망을 온다. 사울의 분노로부터 벗어나기 위해서, 때로는 누군가의 잘못된 결정을 피해 은신처로서 교회를 찾는다. 남편의 잘못된 결정, 시부모의 잘못된 결정을 피해서 그 어디에도 도망갈 곳이 없으니 교회를 찾는 것이다. 우리들교회도 마찬가지다. 상상조차 하기 힘든 분들이 많이 온다. 이럴 수도 없고 저럴 수도 없는 분들이 온다.

그러나 하나님을 멈추게 하는 일꾼은 도망쳐 온 사람을 살리고자 자신의 목숨을 내놓는 사람이다. 집안에서도 목숨을 내놓는 한 사람이 있어야 하고, 공동체에서도 목숨을 내놓는 한 사람이 있어야 한다. 이렇게 목숨을 내놓는 한 사람이 있을 때 하나님의 소원인 영혼 구원이 이루어질 수 있다. 이것이 바로 우리가 그 한 사람이 되어 하나님의 마음을 품고 영혼 구원을 위해 기도해야 하는 이유다.

영혼 구원을 위한 기도는 어떻게 해야 할까?

첫째는 하나님의 기준을 알고 기도해야 한다.

하나님은 마음대로 심판하시는 분이 아니다. 그러므로 영혼 구원을 위해 기도할 때 '악한 소돔'을 무조건 용서해 달라고 기도하면 듣지 않으신다. 사악한 소돔이 멸망하는데 '그래도 이건 너무나 가혹한 것이 아닐까?' 하는 마음을 품고 기도하면 안 된다. 사악한 소돔의 악은 반드시 멸망해야 하기 때문이다. 아브라함이 그랬다. 롯을 구하고자 하나님 앞에 나아갔을 때 소돔을 구해 달라는 기도는 하지 않았다. 다만 그는 "의인을 악인과 함께 멸하려 하시나이까"(창 18:23) 하고 여쭈었다. 그리고 "의인을 악인과 함께 죽이심은 부당하오며 의인과 악인을 같이 하심도 부당하니이다 세상을 심판하시는 이가 정의를 행하실 것이 아니니이까"(창 18:25) 하고 간구했다.

이와 같이 영혼 구원을 위해 기도할 때는 하나님의 거룩하신

성품을 근거해서 기도해야 한다. 그래서 우리의 기준도 거룩이어야 한다. 행복이 아닌 거룩의 기준으로 기도해야 하나님이 응답하신다. '망하면 어떻게 해?'가 아니라 '정말 저 사람에게 왜 이런 일이 왔는가'를 분별하고, 비록 그의 악은 심판을 당할지라도 의로운 부분으로 구원해 주시기를 기도해야 한다.

　의인은 인간적으로 세상에서 고통을 당하고 징계를 받을 수는 있어도 절대 심판당하지는 않는다. 한꺼번에 많은 사람이 죽는 대형 참사가 일어나도 의인은 심판당하지 않는다. 영생보험을 들어 놓았기 때문에 절대로 의인은 망하는 법이 없다. 이 세상의 죄가 이렇게 관영하는데도 아직도 악인을 심판하지 않는 것은 한 사람의 의인을 더 찾아내기 위해서 주님이 심판을 유보하고 계시기 때문이다. 영혼 구원을 위해 기도하려면 이 점을 반드시 믿어야 한다.

　아브라함이 "세상을 심판하시는 이가 정의를 행하실 것이 아니니이까"(창 28:25)라고 하나님께 고백한 것처럼 이 땅을 심판하실 이는 오직 하나님밖에 없다. 100프로 옳으신 하나님의 심판은 틀릴 리가 없다. 우리는 이처럼 하나님의 절대 주권을 인정하는 믿음으로 기도해야 한다.

　둘째는 나의 실상을 알고 겸손히 기도해야 한다.

　하나님 앞으로 나아간 아브라함은 자신을 "티끌이나 재와 같다"고 고백한다(창 18:27). 먼지나 재와 같은 존재에 불과하다는 것이다.

아브라함이 괜히 이렇게 기도한 것이 아니다. 워낙에 겸손한 사람이라서 그런 것이 아니다. 내가 그토록 의롭다면 하나님께 엎드릴 이유가 있겠는가? 지나온 과거를 생각해 볼수록 자신의 비천함이 너무나 깨달아진 것이다. 100프로 죄인임을 알기에 하나님께 바짝 엎드릴 수 있는 것이다.

하나님 앞에 서려면 우리가 아무짝에도 쓸모없는 인생이라는 것을 알아야 한다. 먼지와 재로 이루어진 흙 속에 생기를 불어넣어서 만든 것이 우리 인간이라는 것을 알아야 한다. 그럼에도 전적인 은혜로 하나님께 감히 기도할 수 있는 자격까지 갖게 되었음을 인정하고, 겸손히 나아가야 하는 것이다.

셋째는 끈질기게 남은 부분을 보고 기도해야 한다.

아브라함은 소돔, 고모라, 아드마, 스보임, 소알 다섯 성읍에 각각 적어도 열 명의 의인은 있지 않을까 생각했다. 그래서 "그 성 중에 의인 오십 명이 있을지라도 주께서 그곳을 멸하시고 그 오십 의인을 위하여 용서하지 아니하시리이까"(창 18:24) 하고 간구했다. 그런데 막상 하나님께서 "내가 만일 소돔 성읍 가운데서 의인 오십 명을 찾으면 그들을 위하여 온 지역을 용서하리라" 하시자 갑자기 '아, 그것도 없을 수 있겠구나' 하는 생각이 들었다. 그래서 28절에는 사십오 명만 되어도 그곳을 멸하지 말아 달라고 간구한다. 사십 명으로 또 줄여서 부탁한다. 그러다가 30절에서는 "내 주여 노하지 마시옵고 말씀하게 하옵소서 거기서 삼십 명을 찾으시면 어찌하려 하시나이까" 하고, 31절에서는 "내가 감히 내 주께 아뢰나이다 거기서 이십 명을 찾으시면 어찌하려 하시나이까" 하다가 급기야 32절에서는 "주는 노하지 마옵소서 내가 이번만 더 아뢰리이다 거기서 십 명을 찾으시면 어찌하려 하시나이까" 하고 하나님께 간구한다.

이 글의 서두에 영양실조에 걸려 다 죽어 가는 아이를 위해 단돈 천 원으로 생선 한 마리를 사려는 부모의 이야기를 괜히 한 것이 아니다. 만 원짜리 물건을 5천 원, 4천 원, 3천 원… 이렇게 깎으면서 당당하게 말하는 사람이 어디 있겠는가. "너무 죄송해요, 화내지 말아 주세요" 하면서 간절한 마음으로 부탁해야 상대방의 마음이 움직이지 않겠는가. 어찌 보면 억지를 쓰는 것 같지만, 롯을 구원하기 위한 아브라함의 기도가 그러했다. 오십 명에서 열 명까지, 무려 여섯 번이나 번복해서 기준을 낮추어 가며 끈질기게 기도했다.

왜 이렇게까지 기도해야 했을까?

아브라함은 무엇보다 자신이 죄인임을 알았기에 소돔 사람들의 타락과 죄를 보면서도 그들을 정죄하거나 힐난하지 않았다. 아마도 '개구리 올챙이 적 생각'을 하지 않았을까? 아브라함은 자신도 죄인이었기에 하나님이 택해 주신 것 외에는 그들과 다를 바 없다는 것을 알고 있었다. 그러니 "하나님, 저 사람에게도 씨가 있어요. 예수의 씨가 있어요"라며 기도한 것이다. 천만 분의 오십, 내 육신 전체를 천만이라 하면 그중에 오십이라도 의로운 것이 있으면 구원해 주시겠냐고, 사십이라도, 삼십이라도, 이십이라도, 십이라도 의로운 것이 있으면 구원해 달라고 기도한 것이다. 선한 예수 씨가 조금이라도 있으면 용서해 달라고 기도한 것이다.

그러므로 영혼 구원을 위해 기도할 때는 우선 내가 죄인임을 알고 그 상대방을 위해 중보해야 한다. '저 문제 많은 사람…'이 아니라, '나 같은 죄인 살리시고 구원해 주신 것처럼 내 배우자, 내 자식, 내 부모님을 살려 달라'고 기도해야 한다. 날마다 악을 행하는 이들이라 하더라도 그들의 남은 부분을 보고 구원해 달라고 기도해야 한다.

단 한 명의 의인이라도 찾아야 한다

아브라함이 그토록 간절히 기도했어도 하나님은 아무런 응답을 하지 않은 채 떠나가신다. 아브라함도 더 이상 기도할 수가 없어 "자기 곳으로" 돌아갔다(창 18:33). 자신의 간절한 간구에도 아무런 말씀도 없이 떠나가시는 하나님을 보면서 순간 '아차' 싶었기 때문이다. 그제야 '그 성에는 의인이 한 명도 없다'는 것을 깨달은 것이다.

아브라함은 "의인이 단 한 명이라도 있으면 용서해 주시겠느냐?"는 기도를 더 이상 하지 않았다. 하나님 역시 "의인 한 명이라도 있으면 내가 그 성을 구원하겠다"고 하지 않으셨다. 하나님과 아브라함이 동시에 침묵했다. 소돔이 멸망할 수밖에 없다는 걸 알았기 때문이다.

우리는 이처럼 끈질기게 기도를 해도 멈출 수 없는 이 세상의 심판이 있다는 걸 인정해야 한다. 늘 '능치 못한 일이 없으신 하나님'만 부르짖을 수 없다는 것을 알아야 한다.

예수님의 십자가 곁에 매달린 두 강도 중에서도 한 명만이 구원을 받았다(눅 23:39-43). 인생의 절반은 구원이 안 될 수도 있다는 것이다. 목숨을 걸고 기도해도 의인이 한 명도 없으면 구원받지 못할 수도 있다. 아브라함이 절망적인 소돔을 위해, 롯을 위해 끈질기게 기도했지만, 그럼에도 하나님은 소돔 성의 멸망을 돌이키지 않으셨다.

그렇다면 지금까지 아브라함이 애타게 기도한 것은 다 헛수고가 되었을까? 수포로 돌아갔을까? 29절부터 네 번이나 "어찌하려 하시나이까, 이 소돔과 고모라를 어찌하려 하시나이까, 사십 명만, 삼십 명만, 이십 명만 있어도 이를 어찌하려 하시나이까?" 물어보며 애타게 간구하던 그의 기도는 어떻게 되었는가?

아브라함의 기도는 언뜻 보기엔 응답받지 못한 기도일 수 있다. 그러나 절대로 이 세상에 헛수고는 없다. 하나님은 아브라함을 생각해서 소돔 성을 엎으실 때 롯을 그중에서 내어 보내셨다(창 19:29). 소돔 성의 악은 그대로 심판하시고, 롯은 구원해 내셨다. 아브라함의 기도를 들어주신 것이다. 그러므로 진실로 환난당하고 빚지고 원통한 자들을 위해서는 더욱더 기도해야 한다. 그들 가운데는 분명히 단 한 명의 의인이라도 있을 수 있기 때문이다.

10여 년 전, 남편의 알코올중독이 고난이 되어 우리들교회로 오신 집사님이 있다. 평생 남편 탓만 하고 원망하며 살 뻔한 집사님이었는데, 우리들교회에 와서 양육을 받고, 목장 모임에서 나눔을 하다 보니 말씀이 들리고 자기 죄가 보이기 시작했다. 아내로서 돕는 배필의 역할을 제대로 하지 못하는 자신 때문에 남편이 알코올중독으로 수고하고 있다는 것도 깨달아졌다. 그런데 어느 날 갑자기 해, 달, 별이 떨어지는 사건이 왔다. 남편이 폐기흉으로 인해 수술을 해야 한다는 것이었다.

"그 소식을 듣고 어찌할 바를 몰랐습니다. 혼자 기도하자니 감당이 되지 않았습니다. 교회 중보기도 요청 카드에 기도 제목을 써서 올리고, 중보기도를 부탁했습니다. 기도 응답은 너무나 빨랐습니다. 남편이 수술을 하지 않아도 된 것입니다. 게다가 6개월을 쉬는 동안 술도 끊게 해 주시고, 직장도 다닐 수 있게 해 주셨습니다. 그러나 무엇보다 감사한 것은 남편에게 예배가 온전히 회복된 것입니다."

지체들의 중보기도 덕분에 남편의 영혼을 구원하는 큰 은혜를 누린 집사님은 자신도 지체들을 위해 중보기도 하고자 몇 해 전 교회의 중보기도학교에 수강신청을 했다. 그런데 중보기도학교가 시작되기 직전, 건강검진을 받다가 '악성 흑색종', 일명 피부암 진단을 받았다. 연이은 고난에 놀라지 않을 수 없었지만 이미 중보기도의 힘을 아는 집사님이었기에 염려하는 데 시간과 감정을 낭비하지 않았다. 수술을 위해 입원하는 전날까지 중보기도학교에 나와 기도 제목을 나누고 담대한 마음으로 기도했다. 수술 결과 부위는 비록 넓고 깊었지만, 암세포가 다른 조직에 전이되지 않아서 항암치료도 받지 않고, 지금은 건강하게 생활하고 있다. 그리고 교회의 중보기도 파수꾼으로서 오늘도 영혼을 구원하는 중보기도를 하는 데 여념이 없다.

수치와 인내를 각오하라

한 집사님은 일곱 살 자녀가 근육 효소 수치가 높다는 진단을 받고 하늘이 무너지는 것 같았다. 자라는 동안 아이의 근육세포가 계속 망가질 수 있고, 몸에 힘이 점점 빠져서 결국 걷지 못할 수도 있다는 것을 의미했기 때문이다.

지체들은 그 소식을 듣고 "그 사건이 약재료가 되어 많은 사람들을 돕고 가야 한다"고 했지만 그 말이 귀에 들어오지 않았다. 때마침 집사님은 소그룹의 리더로 세워졌는데, 그 직분에 대한 감사함이나 사명감보다는 '열심히 섬기면 아이도 잘 돌봐주시겠지' 하는 막연한 기대만 품었다. 그리고 오직 운동과 대체의학을 통한 치료에 힘을 쏟았다.

그러나 아이가 중학교에 들어가면서부터 자주 넘어졌다. 한번은 친구와 함께 학원에 가던 중 길가에 쓰러져 있다는 연락을 받고 정신없이 달려갔더니 아이가 맥없이 길바닥에 드러누워 있었다. 그 순간 집사님의 눈에서는 눈물이 하염없이 쏟아졌다.

대학병원에서 여러 검사 결과 피부근염이라는 진단을 받았다. 스테로이드 치료가 유일한 방법이라는 말을 듣고 치료를 시작했으나 며칠 지나지 않아 심각한 부작용이 생겼다. 심장박동이 160이상 올라가고, 숨이 차고 호흡이 제대로 되지 않아 누워서 잠을 잘 수도 없어서 앉은 채로 밤을 새곤 했다. 식이장애까지 와서 밥을 삼키지 못해 체중이 16킬로그램까지 내려갔다. 매일매일이 응급 상황이었다. 어쩔 수 없이 스테로이드 치료를 중단해야 했다. 그 후로 다시 대체의학에 매진해서 3년을 더 버텼으나 다시 상태가 나빠지기 시작했다.

"믿고 의지했던 한약 치료도 더 이상 듣지 않았습니다. 더 큰 병원에 가서 검사를 했지만 같은 진단을 받았고, 의사는 스테로이드 치료를 권유했습니다. 그러나 3년 전에 이미 심각한 부작용을 겪었기에 바로 결정을 못하고 두려움과 절망감에 빠져들었습니다. 하나님은 저를 더 이상 갈 곳도, 의지할 곳도 없는 환경으로 몰아가서 벼랑 끝에 서게 하셨습니다. '약을 안 써서 서서히 나빠지는 상황'과 '약을 써서 부작용으로 인해 아이의 생명이 위험해질 수 있는 상황' 중 하나를 선택해야 했습니다. 그제야 제 입에서 아이를 살려 달라며 부르짖는 기도가 터져 나왔습니다. 그리고 비로소 저의 죄를 보게 되었습니다.

그동안 하나님은 가까운 지체들의 입을 통해 제게 '이 문제를 공동체와 함께 나누고 겪으며 가야 한다'는 것과 '아이에게도 공동체를 만들어 주어야 한다'는 말씀을 전해 주셨음에도 저는 귀를 막고 있었습니다. 저는 '아이가 또래 친구들과 만나는 것을 너무 싫어서 청소년부 예배로 보내지 못하고 있다'며 핑계를 댔고, 사건이 왔을 때 공동체의 권면을 듣기보다 그냥 내가 원하는 기도만 해 주길 바랐습니다. 두려움 때문에 아이를 내려놓지 못하는 저를 하나님은 이 강한 공동체를 통해서 억지로라도 내려놓을 수밖에 없게 하셨습니다."

집사님은 결국 "다시 약을 쓰라"는 공동체의 결정을 따르기로 순종했다. 집사님으로선 스테로이드의 부작용을 너무나 잘 알기에 죽을 것만 같은 적용이었다. 그리고 시시각각으로 공동체에 기도 요청을 했고, 아이가 속한 청소년부에도 심방을 요청했다. 혼자 힘으로는 극복할 수 없음을 깨달았기에 공동체에 온전히 이 사건을 맡기게 된 것이다. 이후 스테로이드 치료를 다시 시작했지만 걱정했던 심각한 부작용은 일어나지 않았다. 아이도 서서히 안정을 되찾아갔다.

집사님은 아이가 순조롭게 치료되는 것을 보면서 비로소 자신의 믿음이 한없이 부족했음을 알았다. 이 사건을 통해 보여 주신 하나님의 신비를 공동체뿐만 아니라 믿지 않는 남편과 연약한 자녀들에게 제대로 보여 주지 못한 것 때문에 하나님께 너무 죄송했다. 더 많은 사람들에게 증인 된 삶을 살 수 있었음에도 하나님과 공동체의 말씀과 권면을 외면했던 자신의 악하고 교만한 죄를 통회했다.

아이가 이처럼 회복되어 가고, 집사님이 회개의 자리까지 나오게 된 것을 보노라면, 그동안 지체들의 중보기도가 얼마나 간절했는지 미루어 짐작이 된다. 지체들의 중보기도가 아이는 물론 집사님의 영혼까지 살린 것이다.

앞으로 이 아이의 치료가 어떻게 될는지 우리는 알 수 없다. 그러나 모든 지체가 서로를 위해 기도하면 하나님께서 반드시 이 아이의 영혼을 구원하심으로 응답해 주실 줄로 믿는다.

내가 의로운 것 없어도, 도저히 구원 안 될 것 같은 소돔 성 같은 영혼의 구원을 위하여 기도하려면 아브라함처럼 목숨이라도 내어 놓아야 한다. "하나님 앞에 티끌과 같은 나라도, 감히 주께 고하나이다. 내 주여 노하지 마옵시고…" 하며 바닥에 엎드려야 한다. 아브라함이 "한 번만 더, 한 번만 더…" 하고 간절히 간구한 것은 결코 그가 비굴해서가 아니다. 만 원짜리 생선 한 마리 구하려고 "5천 원, 4천 원, 3천 원…" 하며 값을 깎는 부모의 모습이 비굴해 보이는가? 영혼 구원을 위한 기도를 하려면 적어도 그런 간절함이 있어야 한다. 발등에 불이 떨어진 심정으로, 숨이 턱에 닿을 때까지 끈질기게 간구해야 한다.

내가 먹고 싶어서 생선 값을 깎으려 들면 생선장수가 그 심보를 모를 리 없다. "재수 없다"며 상을 둘러엎을지도 모른다. 내 유익을 위해 밤낮 "하나님, 5천 원! 아니 4천 원! 3천 원…" 하면서 눈물 흘리고 기도하는 것도 마찬가지다. 이타적인 기도인지

이기적인 기도인지 사람들은 속아도 하나님은 속지 않으신다. 이기적인 기도는 '분노함으로 응답하시고 진노함으로 폐하시는'(호 13:11) 응답만 있을 뿐이지만 영혼 구원을 위한 기도는 아무리 끈질기게 해도 귀 기울이신다.

그러나 때로는 기도해도 망할 수밖에 없는 악의 심판이 있다는 걸 알아야 한다. 내 남편도 육신은 멸망받을 수밖에 없었다. 소돔 성은 멸했지만 롯은 구원하신 것처럼 주님은 내 남편의 육신은 멸해서 심판하셨지만 그 영혼은 구원받게 하셨다.

육신의 성전이 무너지는 것만큼만 영의 성전이 세워진다고 했다. 육신의 성전은 무너지는 게 축복이다.

영혼 구원이 무엇인가? 하늘나라에서 함께 살 수 있도록 인도하는 것이 영혼 구원이다. 내 남편은 하루아침에 갔지만, 하나님은 "너의 기도로 인하여 내가 너의 남편의 육신을 엎는 중에 그의 영혼을 구원했다"고 말씀을 통해 나를 깨우쳐 주셨다. 남편의 사망은 내가 남편의 영혼 구원을 위해 그토록 간절하게 드리던 기도의 응답이었다. 하나님의 소원이 이루어진 사건이었다. 이것이 믿어지는 것이 은혜다.

남편이 인생의 마지막 순간에 자기 죄를 회개하고 간 것은 결코 맨입으로 그렇게 된 것이 아니다. 티끌과 같은 내가 그의 영혼 구원을 위해 그토록 간절히 기도했기에 하나님이 응답하신 것이다.

아브라함도 자기의 죄를 알고 롯을 위해서 기도했다. 나 역시 내가 죄인인 것을 아니까, 남편을 위해서 생명을 내놓고 기도했다. 내 생명을 거둬 가라고 기도했다. 그렇게 생명을 내놓고 남편의 구원을 간구했는데 참지 못할 일이 뭐가 있겠는가. 부끄러울 일이 뭐가 있겠는가.

세상에서 내게 맡기신 영혼을 위해 끝까지 기도하는 중보기도의 모범을 아브라함이 보여 주었다. 결국 롯도, 내 남편도 부끄러운 구원을 얻었다. 하루도 주의 일을 못 해 보고 갔지만, 그들의 영혼 구원을 위해 계속해서 인내하며 중보기도 하는 것보다 더 아름답고 위대한 인생은 없다. 평생 이루어지지 않는다 해도 누군가를 위해 중보기도 하는 것 자체가 믿음이고, 이미 응답받은 인생이다.

하나님의 소원인 영혼 구원을 위해서는 하나님을 멈추시게 할 만큼, 하나님과 정말 친한 일꾼이 되어야 한다. 힘든 가족이 수고함으로 내가 중보기도 하게 되는 것을 감사해야 한다.

구원은 하나님이 하실 일이지만, 우리는 다만 하나님의 기준을 알고, 내 자신의 실상을 알고 겸손하고도 끈질기게 "우리 모든 식구들의 남은 부분을 주님 봐 주세요. 구원받을 만한 남은 부분이 있어요. 그 부분을 봐 주세요" 하고 매달리듯 간절히 기

도해야 한다. 수치와 인내를 각오하고 기도해야 한다. 그것이
무엇이든 망하는 사건이 구원의 역사를 일으킨다.

하나님 아버지, 오늘도 곳곳에서 망하는 소식이 들립니다. 그런데 하나님을 멈추시게 할 만큼 자존감이 없어서 하나님께 가까이 나아가지도 못합니다. 되었다 함이 없는 가족들, 고난 가운데 있는 지체들의 영혼 구원을 위해 끊임없이 기도하라 하시지만, 아직도 천국에서조차 만나기 싫은 원수 같은 식구들이 있습니다.

육적으로 망하는 사건이 구원으로 연결된다는 확실한 믿음을 가지고 하나님의 복음을 전해야 하는데 늘 그들 앞에서 세상과 타협하는 제 자신을 봅니다. 거룩한 하나님의 성품을 닮기는커녕 흉내조차 내지 못해서 감히 누구를 위해 중보기도할 자격이 없는 티끌만도 못한 인생입니다. 끊임없이 솟구치는 내 육신의 소욕조차도 주체하지 못하는데, 감히 누구를 위해 기도할 수 있겠습니까.

하나님 아버지, 그저 사람들이 듣기 좋아하는 말만 할 수밖에 없는 저를 불쌍히 여겨 주시고, 이제라도 하나님의 소원인 영혼 구원에 대한 열망이 제 속에 넘쳐흐를 수 있도록, 하나님의 소원이 저의 소원이 될 수 있도록 역사해 주옵소서. '너희를 위한 기도'를 하는 데 부족함이 없기를 원합니다. 돌판을 던진 모세처럼 제게 맡기신 영혼들을 진정으로 사랑하기 원합니다. 제게 맡기신 영혼의 구원을 위해서라면 돌판을 내려놓고, 제 모든 것을 다 바쳐 기도하기를 원합니다. 나라를 위해, 교회를 위해, 내게 맡겨 주신 공동체와 가정을 위해 시내 산으로 올라가 기도하는 제가 될 수 있도록 능력을 더하여 주옵소서.

저는 죽고 예수 그리스도만 살아서 용서할 수 없는 사람을 용서하고 사랑하며, 태양도 달도 멈추게 하는 기도를 하기 원합니다. 저에게 맡기신 영혼의 구원을 위해 하나님 아버지의 마음을 품고 기도하는 제가 될 수 있도록 믿음을 더하여 주옵소서. 수치와 인내를 각오하고 간절히 매달리며 기도할 수 있도록 은혜를 내려 주옵소서. 예수님의 이름으로 기도합니다. 아멘.

Q 믿지 않는 내 가족과 이웃을 위해 중보기도 하고 있습니까? 내가 지금 간절히 중보기도 하고 있는 사람은 누구입니까? 지금 당장에라도 구원에 나서야 할 나의 롯은 누구입니까? 기도해도 멈출 수 없는 이 세상의 심판이 있다는 것을 인정합니까?

Q 죽도록 미운 사람이 있습니까? 그 사람을 위해 기도한 적이 있습니까? 있다면 어떤 응답을 받았습니까? 내 가족의 구원을 위해 내가 깨뜨려야 할 가장 아까운 돌판은 무엇입니까? 내 중보기도로 하나님의 뜻을 돌이킨 적이 있습니까?

Q 나는 지체들에게 얼마나 관심을 가지고 있습니까? 그들의 안부가 궁금합니까? 그들을 위해 기도하고 있습니까? 그들의 아픔을 내 아픔으로 여기고 함께 눈물 흘린 적이 있습니까? 곳곳에서 망함의 소식이 들립니까? 그 소식이 곧 구원을 요청하는 소식임을 알고 있습니까? 그 소식을 듣고 지금 그들의 구원을 위해 기도하고 있습니까?

Q 쉬지 않고 기도하는 나의 기도 제목은 무엇입니까? 아프고 힘든 지체들을 기도로 돕고 있습니까? 내 기도에 바빠서 다른 사람들을 위해서 기도하는 데 소홀하지는 않습니까? 나는 비록 아무짝에도 쓸모없는 인생이지만, 하나님께서 전적인 은혜를 주심으로 지체를 위해 중보기도 할 수 있는 자격이 있음을 알고 있습니까?

07

"내려놓습니다!"
내 기도가
응답받지 못하는 이유

정욕으로 구하는 기도

사도 야고보는 "구하여도 받지 못함은 정욕으로 쓰려고 잘못 구하기 때문"(약 4:3)이라고 했다. 정욕으로 구하면 기도 응답을 받을 수 없다는데, 생각해 보면 우리의 기도는 대개 내 정욕을 위한 것이다.

정욕은 곧 쾌락이다. 그 쾌락을 즐기려고 우리는 끊임없이 세상과 벗이 된다. 아름답고, 즐겁고, 편하게 살고 싶어서 세상과 벗하기를 즐긴다. 정욕 때문에 세상을 좇는 것이다. 그러나 세상과 더불어 편하게 살고자 하는 그 마음 때문에 결국 하나님과 원수가 된다는 것을 기억해야 한다. 그 길은 하나님과 점점 멀어지는 길이다. 원수가 되는 길이다. 힘들 때는 "천부여 의지 없어서" 손들고 나오지만 조금만 편해지면 육신을 아낀다. 고난이 있으면 교회에서 화장실 청소 같은 궂은일도 마다않지만, 좀 살 만해지면 그런 일이 하기 싫어서 교회를 옮기려 한다.

정욕으로 구하면 다툼과 싸움이 끊이지 않는다(약 4:1). 돈을 안 내고 보는 구경 중에 제일 재미있는 것이 싸움 구경이라고 한다. 싸우는 정욕, 곧 싸움을 즐기는 악행이 우리 속에 있어서 그렇다. 사소한 싸움과 다툼이 내 속에서 끊임없이 일어나기 때문에 집안끼리 싸우고, 교회 안에서 지체들과 싸운다. 정당끼리 싸우고, 나라 간에 싸운다.

그 정욕의 구체적인 결과는 살인과 시기와 다툼과 싸움이다(약 4:2). 당시의 유대인들도 다툼과 싸움의 악순환을 계속했다. 종교의 이름으로 수많은 잔혹 행위를 하고, 견해를 달리하는 상대를 핍박하며 살인도 서슴지 않았다.

우리들교회 한 집사님이 양육훈련을 받다가 발표한 기도와 관련한 간증이다.

"성경 속에 '응답받지 못한 기도'의 사건들이 이렇게 많다는 사실에 놀라움을 금치 못했습니다. 그런데 더 놀란 것은 수십 년 동안 제가 하나님께 드린 대부분의 기도가 이런 '응답받지 못한 기도'와 너무나 유사하다는 것입니다. 제가 그동안 드린 기도들은 응답받지 못한 기도의 모든 사례를 다 적용하고도 남음이 있는 '종합판'입니다. 그간의 제 기도 생활은 이렇게 부끄러운 것이었습니다. 내 죄에 대한 진정한 회개도 없었고, 야곱처럼 구하고자 하는 것을 얻기 위해 하나님과 흥정했고, 내 유익, 내 정욕을 채우기 위해 치성을 드리듯 기도했습니다. 이렇게 불손한 기도를 드리면서도 응답받지 못하면 하나님의 능력을 의심하거나 원망했습니다. 이제야 침묵으로 일관하신 하나님의 마음을 알 것 같습니다.

만일 하나님께서 저의 정욕적인 기도에 일일이 응답해 주셨다면 저는 아마 잘못된 기복 신앙을 당연한 것으로 여기며 살았을 것이고 그럴수록 세상과 가까워지고 하나님과는 멀어졌을 것입니다. 그간 저의 불손한 기도에 침묵으로 일관하신 하나님, 때늦은 회개이지만 응답해 주지 않으심에 진정으로 감사드립니다."

이 집사님처럼 우리는 정욕 때문에 죽자 살자 매달리고 기도한다. 그러다 응답받지 못하면 하나님의 능력을 의심하고, 그것이 반복되면 심지어 실족하기도 한다.

나의 외손녀는 코흘리개 시절 사탕 하나에도 사생결단을 하면서 울었다. 그까짓 사탕 한 알이 뭐라고 울며불며 얻어 내려는 것인지 참 안타까웠다. 하지만 세상물정 몰라서 떼를 쓰는 것이니 전혀 밉지 않았다. 우리를 바라보는 하나님의 마음이 그럴 것이다. 사탕 하나, 장난감 하나에 피 터지게 다투는 것이 우리의 모습이다.

그럼에도 외손녀는 보고 들은 게 있어서 머리를 조아리고 얼마나 열심히 기도하는지 모른다. 가족 예배를 드리면서 기도 시간이 20~30분 되어도 눈 한 번 뜨지 않는다. 그 마음에 어떤 간절함이 있는지 알 수 없지만 "아멘" 하면 그제야 자기도 "아멘" 하고 눈을 뜬다. 비록 정욕적인 것이긴 하지만 이런 어린아이의 순전한 믿음을 하나님께서는 반드시 지켜 주시고 불쌍히 여기실 것이다. 하지만 언제까지 우리가 어린아이로 있을 수는 없다.

한 집사님은 이런 고백을 했다.

"저는 오랫동안 교회에 다녔지만, 말씀이 기초가 되지 않은 기복 신앙으로 예수님의 표적만을 구하는 삶을 살았습니다. 주님은 저희 가정에 이미 첫 번째 표적을 행해 주셨습니다. 직장을 주일예배와 소그룹 모임을 지킬 수 있는 곳으로 인도하셨고, 물질 고난에서도 조금씩 회복시켜 주셨습니다. 그리고 아내가 신장이식수술을 받아야 할 때, 제가 공여자가 되어 수술이 잘되도록 인도해 주셨습니다. 그런데도 저는 말씀을 묵상하기보다 다시 두 번째 표적을 구하는 기도를 하고 있습니다. 올해부터 두 아이가 중·고등학교에 다니면서 교육비도 두 배로 들고 지출이 늘어나면서 경제적인 부담이 커졌기 때문입니다. 아이들을 남들만큼 가르쳐야 한다는 생각에 마음이 다급해져 잠자리에 들 때면 자꾸 낮에 본 땅이 생각납니다."

심지어 이 집사님은 돈에 대한 조급한 마음이 생길 때마다 복권을 샀다고 한다. 게다가 복권을 사면서 평소에 잘하지도 않는 기도까지 했다. 당첨금으로 공장 부지를 매입해 사업을 하면 지금의 월급보다 더 많은 수입이 생길 것이라고 생각하며 정욕을 따라 구하는 기도를 했던 것이다.

그러나 정욕으로 구하는 기도를 들어주시는 것도 한두 번이다. 믿음이 어리니 안타까워서 마지못해 한두 번 들어주실 수는 있다. 어린아이니까 사탕을 주는 것이다. 그런데 우리는 어쩌다 정욕으로 구한 기도가 응답받으면 그걸 자랑으로 삼고 이후로도 더 열심히 정욕적인 기도를 한다. 죄의식조차 없다. 평생 내 야망과 정욕을 채우기 위해 기도하면 하나님이 그런 기도를 들어주실 리 만무하다. 기도가 막힐 수밖에 없다. 결국 믿음은 땅에 떨어지고 내가 나에게 속는 결과만 초래할 뿐이다.

야곱의 떼 부리는 기도

호세아 선지자는 완악한 이스라엘 백성의 대표적인 사례로 야곱의 행실과 행위를 꼽았다(호 12:2). 도대체 야곱이 무슨 잘못을 했다는 것인가?

> "야곱은 모태에서 그의 형의 발뒤꿈치를 잡았고 또 힘으로는 하나님과 겨루되 천사와 겨루어 이기고 울며 그에게 간구하였으며 하나님은 벧엘에서 그를 만나셨고 거기에서 우리에게 말씀하셨나니"(호 12:3-4)

야곱은 평생 축복받기를 원했다. 그래서 모태에서부터 그 형의 발뒤꿈치를 잡았고, 변장까지 해 가며 아버지를 속이고 장자권도 받아 냈다. 장년에는 하나님의 사자와 씨름하다 허벅지 관절(환도뼈)을 다쳤는데도 자신에게 축복해 주지 않으면 가지 못하게 하겠다고 떼를 썼다(창 32:24-26).

야곱이 하나님의 사자와 씨름할 때는 깜깜한 밤이었다. 누구도 보는 사람 없고, 아무것도 보이지 않는 밤이었던지라 야곱의 됨됨이로 봐서는 온갖 더럽고 비열한 꾀를 부렸을 것이다. 그래서 참다못한 하나님의 사자가 허벅지 관절을 쳤는데, 그래도 자복하지 않고 울고불고 떼를 썼다. 이것이 야곱의 괘씸한 행실과 행위라는 것이다.

어머니 배 속에 있을 때부터 형의 발뒤꿈치를 잡았을 만큼 야곱은 자기 생각대로 뭐든지 다 하는 사람이었다. 그러니 허벅지 관절이 부러지고 나서도 하나님의 발목을 붙잡고 늘어졌다. 함부로 까불다가 허벅지 관절이 부러졌으면 하나님이 "나 간다" 하실 때 "안녕히 가세요. 제가 잘못했습니다. 제가 죄인입니다" 해야 하는데 "못 갑니다. 절대 못 갑니다" 하고 떼를 썼다. 그럼에도 하나님은 결코 야곱의 손을 뿌리치지 않으셨다. 도리어 기가 막혔는지 발길을 멈추고 "네 이름이 뭐냐?" 하고 물으셨다. 뿐만 아니라 '네가 하나님과 및 사람들과 겨루어 이겼으니 이제부터는 너를 이스라엘이라 부를 것'이라고 축복하셨다(창 32:27-28). 떼 부리는 기도에도 응답하신 것이다.

성경에는 별의별 이야기가 다 있지만, 야곱은 그야말로 인간적인 인물 같다. 야곱이 떼 부리며 끈질기게 기도하는 모습은 불손하기 짝이 없지만 한편으로 끝이 없는 우리의 연약함을 그대로 드러내고 있다. 원하는 축복을 받아 내고자 떼 부린 야곱처럼 우리도 하나님과 겨뤄서라도 내 욕심과 정욕을 채우고 싶어 한다.

하나님은 우리가 죽겠다고 밥을 굶어 가며 난리를 치면, 하는 수 없이 져 주실 때가 있다. 그러나 그것을 기도 응답의 모델로 생각하면 오산이다. 때만 부리면 항상 응답해 주시겠지 하고 생각하면 곤란하다. 하나님은 야곱의 행실과 행위 때문에 벌하고 심판하시려 했지만 그저 참으셨을 뿐이다. 기도 응답이 아니라 그냥 져 주신 것이다.

"믿는 자에게는 능히 하지 못할 일이 없느니라"(막 9:23), "시작은 미약하였으나 네 나중은 심히 창대하리라"(욥 8:7)와 같이 듣기 좋은 말만 믿고, 눈에 보이는 복을 구하느라 밥도 굶고 결사항전으로 기도하는 것은 올바른 태도가 아니다. 기복에 불과하다. 자기 자신을 직시하지 않고 무조건 매달리기만 한다고 응답받는 것이 아니다. 내가 아무리 열심히 기도해도 하나님은 결코 내 정욕으로 구하는 기도에 속지 않으신다. 그것은 벌받을 행실이고 행위라고 하신다.

때 부리는 기도는 그 후유증을 각오해야 한다. 야곱은 그 행위 때문에 딸 디나가 강간을 당하고 두 아들이 살인사건에 연루되는 등 노년에 이르러 벌을 받아야 했다. 뿐만 아니라 놀랍게도 천 년이 훨씬 지난 후 북이스라엘이 망하기 직전, 야곱이 때 부리며 기도한 행위를 하나님이 기억하셨다. 그 벌은 야곱의 후손에게까지 내려졌다. 그러니 부모의 책임이 얼마나 막중한지 모른다.

이래도 내 정욕으로 구하겠는가? 나만 잘살면 된다고 떼 부리며 기도하겠는가?

느헤미야는 "우리가 당한 모든 일에 주는 공의로우시니 우리는 악을 행하였사오나 주께서는 진실하게 행하셨음이니이다"(느 9:33)라고 고백했다. 우리가 악을 행하면서 기도할 때 하나님이 어쩔 수 없이 축복하시는 것이 있지만, 우리의 악함을 아시는 주님께서는 돈도 건강도 허락하지 않으신다. 그러나 그것이야말로 진정한 기도 응답이요, 축복이다.

바리새인과 세리의 비유

"바리새인은 서서 따로 기도하여 이르되 하나님이여 나는 다른 사람들 곧 토색, 불의, 간음을 하는 자들과 같지 아니하고 이 세리와도 같지 아니함을 감사하나이다 나는 이레에 두 번씩 금식하고 또 소득의 십일조를 드리나이다 하고 세리는 멀리 서서 감히 눈을 들어 하늘을 쳐다보지도 못하고 다만 가슴을 치며 이르되 하나님이여 불쌍히 여기소서 나는 죄인이로소이다 하였느니라 내가 너희에게 이르노니 이에 저 바리새인이 아니고 이 사람이 의롭다 하심을 받고 그의 집으로 내려갔느니라 무릇 자기를 높이는 자는 낮아지고 자기를 낮추는

자는 높아지리라 하시니라"(눅 18:11-14)

바리새인들은 구제도 하고 십일조도 철저하게 드렸지만, '따로 서서' 기도했다. 바리새인이라는 낱말에는 '구별됐다'는 뜻이 있지만 실상 그들은 세상과 구별된 게 아니라 사람과 떨어져 있었을 뿐이다. 바리새인은 하나님을 의롭다고 믿는 것이 아니라 자기를 의롭다고 믿었다. 자기가 멸시받을 죄인인 줄 모르고 다른 사람을 멸시했다.

세상에 어리석은 자가 많지만 자기를 의롭다고 여기는 사람처럼 어리석은 사람이 없다. 그러니 그들 옆에는 항상 멸시할 사람만 있다. 멸시할 사람만 있기 때문에 별 꼬투리를 다 잡는다. 왜 멸시하는가? 이웃에 대한 사랑이 없기 때문이다. 자기를 의롭다고 믿기 때문에 다른 사람을 멸시한다. 그 입에서 날마다 비판이 나오는 사람은 상처가 많은 사람이다.

바리새인들은 감사한다고는 하지만 그 이유가 너무 빈약할 뿐만 아니라 역겹기까지 하다. "토색, 불의, 간음을 하는 자들과 같지 아니하고 이 세리와도 같지 아니함"에 대한 감사는 결국 자기를 높이는 교만에 불과하다. 그런 바리새인의 헌금과 기도는 하나님을 감동시킬 수 없다. 그들은 입으로만 기도하면서 예배든 기도든 시간과 횟수만 잘 지키면 된다고 생각했다. 그래서 그들의 기도는 자기 생각과 자기 자랑으로 가득했다.

그러므로 예수님이 과장되게 그들을 힐난하신 게 결코 아니다. 바리새인들처럼 거룩한 체하는 것이야말로 교만 중의 교만이다. 교만은 무의식적으로 나의 영적 상태가 높다고 생각하는 것이다. 거룩을 가장한 교만처럼 미묘하고 간교한 것이 없다.

그리고 이들은 거짓 기도까지 했다. 예수님께서는 바리새인과 서기관들이 토색했다고 지적했다. 그들은 과부의 재산을 삼키는 죄를 지었고 마음대로 이혼했으며 부모를 공경하지도 않았다. 헌금도 잘 내고 구제도 잘하니 부모는 봉양하지 않아도 된다고 주장했다. 이런 거짓된 마음으로 드리는 기도가 응답을 받겠는가?

반면 세리의 태도는 어떤가? 멀리 서서 감히 눈을 들어 하늘을 쳐다보지도 못했다. 그저 가슴을 치며 "하나님이여 불쌍히 여기소서 나는 죄인이로소이다" 하고 기도했다.

말씀이 들렸기에 가슴을 치면서 죄인이라고 부르짖었다. 진정한 감사는 자신이 죄인임을 자각하는 겸손에서 출발한다. 죄인임을 아는 것이 겸손이다. 겸손이 곧 거룩이다. 세리는 기도할 수 있다는 것만으로도 너무나 영광스러웠다. 하지만 죄인이기에 멀리 서서 감히 하늘을 쳐다보지도 못했다. 그것이 겸손이다. 세리는 복음에 대한 열정은 하늘을 찔렀지만 태도는 아주

겸손했다. 이처럼 하나님에 대한 참 열정이 있는 사람이 겸손할
수가 있다.

내 죄를 알고 애절함과 절절함으로 무시당함과 하나님밖에
바랄 수 없는 처지를 겸손하게 고백해야 하나님을 감동시킬 수
있다.

때로는 분노로 응답하시는 하나님

교회도 잘 다니고 공부도 잘하던 아이가 고등학교 3학년이
되자 S대 합격이 목적이 되어서 주일에 예배드리는 것도 뒷전
이 되었다. 입시가 가까워지자 아예 교회는 잊어버리고 족집게
과외를 받으러 다니는 등 오직 공부에만 집중했다. 그러면서도
S대 합격을 위해서는 마음으로 간절히 기도했다.

그리고 마침내 S대에 합격하자마자 신앙생활에 종지부를 찍
었다. 세상에서 승승장구하다 보니 아예 교회 문턱도 넘지 않
았다. 불혹의 나이를 훨씬 넘겼음에도 하나님은 아예 잊어버
린 듯 심지어 교회와 기독교를 비판하는 언사를 서슴지 않는
다. 그렇다면 이 사람에게 S대 합격이 과연 기도 응답일까?

이처럼 세상 왕을 구하는 기도는 정욕을 따라 떼 부리는 기도
에 불과하다. 이러한 기도에 하나님은 때때로 분노하심으로 응

답하신다.

이스라엘 백성도 세상 왕을 달라고 부르짖었다. 그래서 사울이 이스라엘의 초대 왕이 되었다. 사울은 '큰 자'라는 뜻도 있지만 '요구하여 얻은 자'라는 뜻도 있다. 이스라엘 백성이 왕을 구한 것에 대해 하나님은 사무엘에게 "그들이 너를 버림이 아니요 나를 버려 자기들의 왕이 되지 못하게 함이니라"(삼상 8:7)고 했다. 다시 말해 사울은 이스라엘이 하나님을 버리고 선택한 왕이라는 것이다.

미스바에서 회개하고 한마음이 된 듯했지만, 세월이 흘러 먹고살 만해지니까 이스라엘은 세상에 빠져들었다. 이웃 나라 블레셋의 철기 문화가 너무 부럽고, 세상 사람들이 놀고먹는 것도 너무 부러워서 "이제 사무엘 선지자님 좀 비켜 주시죠. 우린 세상으로 가서 편하고 재밌게 살렵니다" 했다. 그래서 구한 것이 사울 왕이다.

사울은 사울대로 굉장히 훌륭한 사람이었지만 하나님은 그가 세상의 왕이 된 것은 '분노함으로 응답하신 결과'라고 한다.

> "내가 분노하므로 네게 왕을 주고 진노하므로 폐하였노라"(호 13:11)

사울은 "나는 이스라엘 지파의 가장 작은 지파 베냐민 사람이 아니니이까 또 나의 가족은 베냐민 지파 모든 가족 중에 가장 미약하지 아니하니이까"(삼상 9:21) 하고 자신의 계보를 밝힌다. 베냐민 지파가 누구인가? 야곱은 "베냐민은 물어뜯는 이리라 아침에는 빼앗은 것을 먹고 저녁에는 움킨 것을 나누리로다"(창 49:27)라고 했다. 이스라엘의 왕을 그런 '베냐민 지파'에서 골랐다는 것이 곧 분노하심의 증거다.

사사기 19장에는 무시무시한 동족 말살 전쟁이 기록되어 있다. 사연은 이렇다. 레위인의 첩이 베냐민 지파에게 밤새도록 윤간을 당하고 죽자, 레위인이 그 첩의 시체를 열두 덩이로 나누어 그것을 이스라엘 사방에 두루 보냈다(25-29절). 온 이스라엘이 "이스라엘 자손이 애굽 땅에서 올라온 날부터 오늘까지 이런 일은 일어나지도 아니하였고 보지도 못하였도다"(30절)라고 통탄하며 일제히 미스바에 모여 베냐민을 치기로 합의했다. 하지만 베냐민은 회개하지 않고 2만 6천 명의 군사를 동원해 40만 명의 이스라엘 연합군을 힘으로 밀어붙여 오히려 승리를 거둔다(삿 20장). 이에 이스라엘 사람들이 심기일전하여 베냐민을 치고 온 성읍을 불사른 뒤 "우리 중에 누구든지 딸을 베냐민 사람에게 아내로 주지 아니하리라"(삿 21:1) 하고 맹세한다. 베냐민 지파를 멸절시키려 한 것이다. 그러나 이스라엘 민족은 곧

내 기도가 응답받지 못하는 이유

뉘우쳐서 '그래도 하나님이 세우신 지파인데 이렇게 지파 자체가 멸절되면 안 되지 않은가' 하며 야베스 길르앗 주민 중에서 남자를 가까이하지 않은 400명의 처녀를 베냐민에게 줌으로써 베냐민 지파가 멸절되는 것을 막았다(삿 21:6-24).

그렇게 해서 베냐민 지파는 겨우 명맥을 유지할 수 있었다. 하지만 야곱의 말 그대로 '물어뜯는 이리'와 같이 살았다. 윤간을 서슴지 않고, 가해자이면서도 회개할 줄도 모르고 죽어라 싸움질만 했다. 사울은 이런 배경에서 살아남은 베냐민 사람의 아들이거나 손자였을 것이고, 그의 어머니 또한 다 죽임을 당하고 400명만 남겨진 야베스 길르앗의 처녀 중 한 사람이었을 것이다.

그런 사울을 이스라엘의 왕으로 세운 것은 이스라엘 백성의 떼 부리는 기도에 분노하심으로 응답한 결과였다. 결국 사울의 비극은 그 한 사람의 비극으로 끝나지 않고 이스라엘의 비극이 되었다. 사울의 실패는 이스라엘의 실패였다.

그렇다면 왜 하나님은 분노로 응답하시는가? 우리를 사랑하시기 때문이다. 그렇게 벌을 주셔서 고난을 겪게 하고, 그런 과정을 통해서라도 하나님을 알기 원하시기 때문이다. 우리는 그런 하나님의 사랑을 알아야 한다.

세상 왕을 구하다가 홀랑 망해서 하나님을 원망하고 있는가?

그렇다면 하나님께서 나의 떼 부리는 기도에 분노로 응답하신 것임을 인정해야 한다. 나를 사랑하심으로 분노한 하나님의 마음을 알아야 한다.

정욕으로 기도하고 떼 부리며 기도하여 내 아들이 사울처럼 왕위에 올라도 그것을 기도 응답으로 착각하면 안 된다. 내 정욕으로 떼를 쓰고 억지를 부린 기도에는 반드시 하나님의 분노가 뒤따른다는 것을 명심해야 한다. 왕이 된 후 나라를 말아먹고, 사장이 된 후 기업을 말아먹고, 가장이 된 후 가정을 말아먹고 나서야 뒤늦게 후회하지 말고, 미리미리 "하나님 뜻대로 하시옵소서" 하고 기도하자.

하나님이 침묵하시는 이유

언젠가 내가 결혼식 주례를 할 때였다. 원탁에 둘러앉아 식사를 하며 진행되는 결혼식이어서인지 주례사가 들리지 않을 만큼 장내가 시끌벅적했다. 그래서 "여기가 시장인가요? 목욕탕인가요? 뭔가 음향이 잘못된 건가요?" 하고 야단 아닌 야단을 좀 치고서야 조용해져서 겨우 결혼식을 마칠 수 있었다. 성스럽고 엄숙한 분위기에서 치러져야 할 결혼식이 언제부턴가 오랜만에 만난 하객들끼리 서로 안부를 물으며 왁자하게 떠들어 대는 만남의 장소가 되어 버렸다. 안타까운 일이다.

이 세상 나라와 하나님나라는 서로 소통이 안 되기 때문에 말씀이 안 들리는 사람은 계속 떠들 수밖에 없다. 하나님 말씀이 안 들리면 자기 이야기밖에 할 수 없다. 자기가 하고 싶은 기도만 계속 해댄다. 하나님은 심판의 말씀을 계속 주시는데 귀가 막힌 백성은 그 말씀이 들리지도 않을 뿐더러 듣기도 싫어하고, 들으려고도 하지 않는다. 이때 하나님은 때로 입을 닫으시고 침묵하신다.

"일곱째 인을 떼실 때에 하늘이 반시간쯤 고요하더니"(계 8:1)

로마의 핍박이 극에 달했을 때 이스라엘 백성은 "왜 우리가 이렇게 고난을 받아야 하는가?" 하고 하나님을 원망했다. 그러자 하나님이 일곱 교회의 악을 보여 주시며 '너희 악이 더 세다. 그래서 심판을 받을 수밖에 없다' 하며 여섯째 인까지 떼셨다(계 6:12-17). 그런데 일곱째 인을 떼실 때 반시간쯤 고요했다고 한다. 일곱째 인이란 일곱 나팔 재앙이다. 일곱 교회의 악에 대한 심판으로 엄청난 재앙이 시작되기 직전 반시간 동안 하늘이 고요했다는 것이다. 하나님이 말씀을 하다하다 더 이상 안 되겠다 싶어 반시간 동안 '잔소리'를 딱 끊으신 것이다.

'반시간쯤'이란 30분에 불과한 짧은 시간을 말한다. 아주 짧은 시간 동안 하나님이 침묵하셨다는 것이다. 그런데 우리한테 이 반시간은 평생처럼 길다. 그래서 "지금 로마가 저렇게 우리를 핍박하고 있는데 하나님은 왜 침묵하고 계세요? 하나님, 안 계세요?" 하며 하나님을 원망하고, 심지어 "하나님은 없다"며 실족하기도 한다.

> "주께서는 눈이 정결하시므로 악을 차마 보지 못하시며 패역을 차마 보지 못하시거늘 어찌하여 거짓된 자들을 방관하시며 악인이 자기보다 의로운 사람을 삼키는데도 잠잠하시나이까"(합 1:13)

이 물음이 오늘 우리의 주제가 아닌가? 우리는 늘 하나님의 침묵에 분통을 터뜨린다. "하나님은 살아 계시다면서 어떻게 망하게 하느냐, 죽게 하느냐, 어떻게 불합격하게 하느냐, 무슨 잘못이 있다고 이러느냐?"고 불평한다. 그러나 침묵도 응답이다.

하나님은 100프로 옳으시다. 무조건 옳으시다. 하나님의 심

판은 너무도 공정하기 때문에 어떤 불평도 있을 수 없다. 하나
님은 오히려 우리에게 물으신다.

> "너희는 이르기를 주의 길이 공평하지 아니하다 하는도다 이
> 스라엘 족속아 들을지어다 내 길이 어찌 공평하지 아니하냐
> 너희 길이 공평하지 아니한 것이 아니냐"(겔 18:25)

공평하신 하나님의 침묵은 우리로 하여금 기다리게 하기 위
함이다. "너희들도 더 이상 떠들지 말고 조용히 침묵하고 때를
기다리라"는 것이다. 하나님의 마지막 사랑의 표현이다. 최후
통첩인 셈이다.

다행히도 이스라엘 백성은 하나님이 침묵하시는 이유를 깨
달았다. 그리하여 그들은 더욱 기도했다. 모든 성도가 기도했
다(계 8:3-4). 그렇게 기도했더니 뇌성과 음성과 번개와 지진이
나며 일곱 나팔을 가진 일곱 천사가 나팔 불기를 준비했다(계
8:5-6). 기도가 하나님의 심판을 불러온 것이다. '금향로'에 모
든 성도의 기도를 담았더니 그 기도가 심판을 불러왔다. 이렇
듯 하나님의 심판은 천상에서, 하나님이 주재하시는 어전 회
의에서 결정하는 것이 아니고, 우리 성도들의 기도로 인해 결
정된다. 하나님의 뜻에 맞는 기도를 하면 그 기도가 금향로에

모이고, 그 금향로를 쏟으면 이 땅에 공평과 정의가 임하는 것이다.

믿음의 사람은 나를 괴롭히는 세력이 있어도 결코 "저 세력을 물리쳐 주시옵소서!" 하는 식의 기도를 하지 않는다. 남편의 사업이 망해도 그 남편을 탓하지 않고 "내 잘못입니다. 내가 너무 돈을 좋아해서 이 남편을 만났습니다" 하고 통곡하며 회개기도를 한다. "하나님, 돈도 없는 남편이 나를 속였습니다. 저 사기꾼한테 당했습니다"가 아니라 "내가 돈에 너무 치우치니 하나님이 심판하셨습니다" 하면서 인생을 해석한다.

이것이야말로 하나님이 바라시는 기도다. 그러면 그 괴롭히는 세력에게 하나님이 번개와 지진을 내리셔서 그들이 돌아올 기회를 주신다.

내 남편에게도 번개와 지진 같은 암 재앙을 주셨지만 그 심판의 사건으로 인해 남편이 구원되었다. 돌아올 기회를 주신 것이다. 번개와 지진이 곧 구원의 축복이었다. 심판이 구원으로 변한 것이다. 육이 조금이라도 무너지지 않으면 그곳에 영이 들어갈 수 없다. 그래서 심판이 필요하다. 그 심판으로 육은 죽고, 영이 살아난다. 로마 같은 강퍅한 사람도 그 심판으로 예수를 믿고 돌아오는 것이다.

우리 인생이 힘든 것은 고통스런 환경 때문이 아니다. 어려운 환경에 처했을 때 울며불며 기도해도 내가 평안하지 않은 이유는 말씀이 들리지 않기 때문이다. 환경으로밖에는 기쁠 일이 없으니 오직 환경에만 집착한다. 그러니 말씀이 뚫고 들어갈 여지가 없다.

우리가 말씀에 귀 기울이지 않기에 하나님은 침묵하신다. 자기 말만 하며 떠들어대기에 침묵하신다. 우리가 조용히 할 때까지 침묵하신다. 마치 나를 버린 것처럼 침묵하신다.

그러나 그 침묵은 우리를 돌이키기 위함이다. 제대로 기도하게 하기 위함이다. 우리를 고통 가운데 던져 놓고 침묵하실 때야말로 내가 하나님 앞으로 제대로 나아갈 수 있는 최고의 기회다. 올바른 기도를 드릴 수 있는 최고의 순간이다.

니체는 "하나님은 죽었다"고 말했다. 말도 안 되는 소리다. 하나님은 죽지도, 떠나시지도 않았다. 언제나 내 옆에 계신다. 다만 내 믿음이 부족하니 안타까움으로 탄식하며 침묵하고 계실 뿐이다.

그러나 이때야말로 하나님이 나를 지극히 사랑하실 때다. 하나님은 나의 간절한 기도가 금향로에 가득 채워질 때까지 기다리신다. 지금 이 순간에도 그렇게 침묵하며 기다리신다. 누구든지 하나님 앞에 올라가는 올바른 기도를 하기 위해서는 하나님의 침묵을 반드시 겪어야 한다.

밤낮 '달라 달라' 하는 것이 기도가 아니다. 그런 기도를 들어주시는 것도 한두 번이다.

내 기도는 어떤가? 내가 밤낮으로 간구하는 기도 제목에서 내 믿음의 수준이 드러난다. 하나님은 우리의 믿음이 자랄 때까지, 제대로 기도할 때까지 재앙을 허락하신다. 그 과정을 통해 우리의 믿음이 자라기를 원하신다. 그러니 이제는 달라져야 한다. 내 죄를 보고, 내 부패와 가증함을 보면서 회개하고 기도해야 한다. 그 기도만이 하나님의 전으로 올라갈 수 있다.

하늘만 바라보지 말라

> "올라가실 때에 제자들이 자세히 하늘을 쳐다보고 있는데 흰 옷 입은 두 사람이 그들 곁에 서서 이르되 갈릴리 사람들아 어찌하여 서서 하늘을 쳐다보느냐 너희 가운데서 하늘로 올려지신 이 예수는 하늘로 가심을 본 그대로 오시리라 하였느니라"(행 1:10-11)

부활하신 후 40일간의 사역을 마친 예수님은 제자들에게 "땅 끝까지 이르러 내 증인이 되리라"(행 1:8)는 지상명령을 내리고 승천하신다. 그때 제자들은 '자세히' 하늘을 쳐다보았다. 자세히 본다는 것은 '정신없이, 열중하여, 몰입한 상태로 계속 보고 있는 상태'를 의미한다.

제자들은 주님께서 하늘로 올라가시는 것을 보고 한편으로는 신기하고 놀라웠지만 한편으로는 자신들만 남겨 두고 떠나시는 것에 대해 두려웠다. 그래서 모두 주님이 올라가신 하늘만 자세히 쳐다보고 있는 것이다. 그런데 그 모습을 보고 천사가 "어찌하여 서서 하늘을 쳐다보느냐"고 책망한다. 하늘을 쳐다보는데 왜 책망했을까? 그게 책망받을 일인가?

제자들은 무려 3년여 예수님과 동행했다. 3년여 제자 훈련을 받으며 두 눈으로 직접 예수님의 영원하신 존재를 경험했으면서도 예수님이 시야에서 사라지니 영적인 외로움과 상실감에 휩싸였다. 그렇게 열심히 양육하셨는데도 정신을 못 차리고 하늘만 멍하니 쳐다보았던 것이다. 이렇게 무기력에 빠진 제자들을 주님은 천사를 통해 책망하셨다. 주님의 명을 따라 성령의 권능을 받기 위한 준비는 하지 않고, 주님의 증인이 되어 사역할 생각은 하지 않고, 멍하니 하늘만 바라보니 책망하신 것이다.

예수님이 승천하시기 직전에 제자들은 이스라엘의 회복을 걱정했다가 "그건 너희가 알 바 아니다"는 주님의 책망을 들었다(행 1:6-7). 땅의 부흥을 꿈꾸는 것은 세속주의다. 나름대로 예수님을 믿는다면서 예배하고 경배하면서도 내 정욕으로 뭔가를 취할 일이 있으면 우리는 순간 세속주의에 빠져 버린다. '그때는 그때고 지금은 지금'이라며 순식간에 예수님한테서 등을 돌려 버린다. 이런 세속주의도 잘못된 것이지만 오직 하늘만 바라보며 아무것도 안 하는 것도 문제다. 하늘만 바라보는 것은 경건주의에 불과하다. 세속주의건 경건주의건 둘 다 믿는 사람의 태도로서는 잘못된 것이다.

"말씀을 가까이하라"고 하니 성경 암송법, 성경 통독법 같은 책만 자세히 쳐다본다. "기도를 열심히 하라" 하니 만사를 제쳐두고 죽자 살자 새벽기도에 열심을 낸다. 이런 행위야말로 하늘만 쳐다보는 것이다. 주님이 주시는 말씀에 귀 기울이지 않고, 주시는 말씀을 내 삶에 적용하여 합당한 삶을 살 생각도 않고, 그저 이 땅의 회복을 위한답시고 경건을 사용하는 것이다. 심지어 큐티도 그럴 수 있다.

아무리 기도 부탁을 하고 다녀도 기도받기에 합당한 삶을 살지 않으면 그 또한 하늘만 쳐다보는 것이다. 성령이 임하지 않아서 앉으나 서나 땅에 소원이 많기에 기도 부탁만 하러 다닌다.

날마다 같은 기도 제목을 내놓는 것도 하늘만 자세히 쳐다보는 것이다. 믿음이 자랄수록 기도 제목이 바뀌어야 하는데, 초신자 때나 지금이나 달라진 게 하나도 없다면 그동안 그저 하늘만 쳐다보고 있었던 것이다.

말씀을 기억하고 말씀에 의지하며 말씀을 따라 살면 두려울 것이 없는데, 들으라는 말씀은 듣지 않고 사건에만 매달려서 날마다 놀라고 넘어진다. 그래서 날마다 하늘만 쳐다보고 주님께 매달려 "주세요, 주세요"만 부르짖는다. "큰 차가 있어야 해, 집이 있어야 해, 애가 대학에 붙어야 해, 업신여김을 받고는 못 살아" 하니 자유함이 없다. 성령이 없으니 예수님을 믿어도 세속에 빠지고 경건에 빠진다.

제자들 역시 그때까지 성령을 받지 않았으니 하늘만 쳐다보았다. 주님이 무슨 말을 해도 성령이 없기에 잘못 알아들었다. 이스라엘의 회복을 꿈꾸다가 "그건 너희가 알 바 아니다"라는 책망을 조금 전에 듣고도 정신을 못 차리고 또 하늘만 바라보았다.

제자들이 이럴진대 하물며 우리는 어떻겠는가. 성령에 사로잡히지 않았으니 날마다 하는 말이 "주세요, 주세요"이고 내 정욕을 위한 기복만 바란다.

그러나 오순절 성령이 임하자 제자들이 완전히 변했다. 우리 역시 성령을 받기 전에는 내 예루살렘을 떠나서는 안 된다. 말씀과 예배를 통해, 지체와의 교제와 간증을 통해 양육받으며 내 사건에서 성령받기를 기다려야 한다.

성령이 없는 기도는 육적일 수밖에 없다. 헛될 수밖에 없다. 응답은 없고, "왜 하늘만 쳐다보느냐?"는 책망만 들을 뿐이다.

하나님 아버지, 정욕 때문에 세상을 좇고, 정욕 때문에 기도했습니다. 정욕 때문에 죽자 살자 매달렸습니다. 힘들 때는 "천부여 의지 없어서" 손들고 나아갔지만, 조금만 편해지면 내 육신의 소욕을 위해 편히 드러누웠습니다.

야곱처럼 필요한 것만 구하고자 하나님과 흥정하고, 내 유익, 내 정욕을 채우기 위해 떼를 부렸습니다. 정욕으로 기도하고 떼 부리며 기도하여 무엇을 얻으면 그것이 기도 응답인 줄 착각하며 살았습니다. 앉으나 서나 땅에 소원이 많기에 기도 부탁만 하러 다녔습니다. 하늘만 쳐다보았습니다. 하나님의 말씀에는 귀를 막고 제가 하고 싶은 기도만 계속 해댔습니다. 응답받지 못하면 하나님의 능력을 의심하고, 실족했습니다. 내 죄에 대한 진정한 회개도 없었습니다. 안타까운 나머지 입을 닫으시고 침묵하신 하나님의 뜻을 이해하지 못하고 원망만 했습니다.

　하나님 아버지, 이제야 침묵으로 일관하신 그 마음을 이해하게 되었습니다. 그 침묵조차도 기도 응답임을 깨닫게 되었습니다. 내 정욕으로 떼를 쓰고 억지를 부린 기도에는 반드시 하나님의 분노가 뒤따른다는 것도 이제야 깨달았습니다. 불쌍한 저를 용서해 주옵소서.

　이제라도 기도 응답받기에 합당한 삶을 살기 원합니다. 성령께서 늘 함께해 주옵소서. 내 모든 정욕과 집착을 내려놓고 "하나님 뜻대로 하옵소서" 하고 기도하는 인생이 될 수 있도록 지켜 주옵소서. 예수님의 이름으로 기도합니다. 아멘.

Q 응답받지 못한 기도가 있습니까? 그것은 무엇을 구한 기도였습니까? 응답이 없음에도 불구하고 아직도 내려놓지 못해 목을 매고 간구하는 기도는 어떤 것입니까?

Q 정욕으로 기도한 적이 있습니까? 그 기도는 응답을 받았습니까? 그 기도로 구하고자 했던 것은 무엇입니까? 하나님께 떼를 부리며 기도한 적이 있습니까? 그 결과는 어떻게 되었습니까? 떼 부리는 기도에 분노하심으로 응답한 사건이 있습니까?

Q 정욕을 위해 기도합니까, 구원을 위해 기도합니까? 자녀가 잘되기를 원하는 것이 자녀의 구원 때문입니까, 아니면 내 체면과 욕심 때문입니까? 배우자의 구원을 위해 기도합니까, 아니면 나의 편함을 위해 그를 구원해 달라고 기도합니까? 내 기도는 하나님 뜻에 얼마나 합당합니까?

Q 하나님의 심판을 받은 적이 있습니까? 그로 인해 하나님께 불평하지는 않았습니까? 하나님은 100프로 옳으신 분임을 인정합니까? 하나님이 심판하시고, 침묵하실 때야말로 내가 하나님 앞으로 제대로 나아갈 수 있는 최고의 기회임이 인정됩니까? 주님이 주시는 말씀에 늘 귀 기울이며 기도하고 있습니까? 일방적으로 내가 구할 것만 아뢰고 있지는 않습니까?

08

"아멘!"

100프로 응답받는
기도의 비밀

큰 믿음이 있어야 소원을 이룰 수 있다

가나안 여인이 귀신 들린 딸의 치유를 위해 예수님 앞으로 나아가 "주 다윗의 자손이여 나를 불쌍히 여기소서"(마 15:22) 하고 외쳤지만, 예수님은 침묵하셨다. 제자들도 그녀를 무시하고 냉대했다. 그럼에도 가나안 여인은 끝까지 인내하며 기도했다. "나를 도와주시옵소서. 예수님만 보기 원합니다" 하고 매달렸다. 그리고 결국 제자들의 훼방(?)에도 불구하고 "여자여 네 믿음이 크도다 네 소원대로 되리라"(마 15:28) 하는 응답을 들었다. 예수님은 그 이유가 '큰 믿음' 때문이라고 하신다. 어떤 믿음이 '큰 믿음'인가?

유대인들이 가장 천하게 여기던 가나안 여인의 기도 대상은 '다윗의 자손', '메시아이신 예수님'이었다. 성경의 위대한 인물 중 모세도 아니고 여호수아도 아닌 '다윗의 자손'이라고 부르짖었다. 다윗이 누구인가? 음란과 간음과 살인죄를 다 경험했지만, 자신이 모태에서부터 죄악 중에 잉태됐다고 눈물의 회개를 한 사람이다(시 51편). 하나님은 그 다윗에게서 메시아 예수님이 오실 것이라고 예언하셨다. 가나안 여인은 배운 게 없어도 알아볼 사람을 알아보았기에 "다윗의 자손이여" 하고 부르짖을 수 있었다. 그것이 '큰 믿음'의 시작이다. 아무리 열심히 기도해도 이단과 다른 종교 안에서 대상을 찾는다면 소원을 이룰 수 없다. 기도의 응답을 받을 수 없다.

가나안 여인은 이처럼 자신이 기도해야 할 대상과 본질과 내용을 정확히 알고 있었다. '큰 믿음'의 기본을 잘 갖추고 예수님께 나아가 기도했다. 그럼에도 예수님은 침묵하셨다. 게다가 제자들은 예수님이 아무런 대꾸를 안 하시니 덩달아 여인을 무시했다. "귀찮으니 빨리 고쳐서 보내시죠" 했다.

질병 때문에, 가난 때문에 힘들어 하는 지체들을 보고도 체휼

은커녕 "주님이 오죽했으면 안 고쳐 주실까? 정성이 부족해. 기도가 부족해"라며 무시하는 사람들이 있다. 남의 불행을 보고도, 소리 질러 기도하는 그 간절함을 보고도 그렇게 무시하는 지체들이 있다. 제자들이 그랬다.

심지어 예수님까지도 "나는 이스라엘 집의 잃어버린 양 외에는 다른 데로 보내심을 받지 아니하였노라"(마 15:24) 하며 가나안 여인을 차별하셨다. 예수님께서 사람을 차별하시다니? 도대체 예수님의 속마음은 무엇이었을까?

예수님은 이 여인을 통해 믿음의 모범을 보이고 싶으셨다. 당시 바리새인들은 예수님을 죽이려고 혈안이 되었고, 제자들의 믿음은 아직도 바닥을 헤매고 있었다. 예수님을 보고 깜짝 놀라 유령이라고 하지 않나, "어디 가서 먹을 것을 구하냐"며 넋나간 소리를 해댔다. 그런 제자들에게 예수님은 진정한 믿음이 무엇인지를 보여 주고 싶으셨다. 바로 가나안 여인을 욥처럼 세우신 것이다. 그래서 "네가 이래도 날 믿겠니?" 하고 시험하신 것이다.

예수님의 침묵과 차별 발언, 제자들의 냉대에도 불구하고 가나안 여인은 기도를 포기하지 않았다. 너무 절박한 나머지 무시하고 차별하는 말 따위는 귀에 들리지도 않았다. 냉대하는 분위기를 눈치 챌 겨를조차 없었다. 가나안 여인은 그만큼 간절했고, 침묵하시는 것조차 응답으로 알아들었다. 주님은 그것 또한 '큰 믿음'으로 인정하셨다.

주님은 유창한 기도보다 간절한 기도를 들으신다. 어떤 고난에 빠져도, 어떤 사건을 겪어도, 무슨 말을 들어도 그저 "나를 불쌍히 여기소서, 나를 도우소서" 하는 간절함이 있는가를 보신다. 무시하고 냉대해도, 차별을 해도 그럼에도 하나님을 원망하지 않는가를 보신다.

우리의 모든 문제는 알량한 자존심에서 비롯된다. 돈, 남편, 자식이 아니라 자존심 때문에 걸려 넘어진다. 남편이 바람을 피웠을 때 화가 너무 나도 자존심 때문이고, 화가 너무 안 나도 자존심 때문이다. 모든 게 자존심 때문에 죽고 살고 한다. 믿음이 없으면 더욱 그렇다.

그런데 이 가나안 여인은 자존심은커녕 그야말로 '개무시'를 당해도 "옳소이다" 했다. "너는 개"라고 하는데 "주님 맞습니다. 저는 개입니다"라고 인정했다. 가나안 여인에게는 개 취급 받는 모욕감을 상쇄하고도 남는 그 무엇이 있었기 때문이다. 그것은 예수님께서 도와주시리라는 믿음이었다. 그녀에게 그 믿음보다 더 중요한 것은 없었다. 주님은 이것을 보고 가나안 여인의 '큰 믿음'을 인정하셨다.

이런 마음가짐이야말로 최고의 자존감이 아닐 수 없다. 이런 자존감이 있으면 어떤 말을 들어도, 어떤 일이 닥쳐도 상처받지 않는다. "과부 주제에, 이혼한 주제에, 바람피운 주제에, 다 말아먹은 주제에, 가난한 주제에…." 누가 뭐라고 해도 내 안에 하나님이 계시면 "그래요. 저는 과부입니다. 그래요. 옳습니다" 하고 시인할 수 있다.

'이혼해서, 과부라서, 부도가 나서' 개 같은 인생이라는 비난을 받아도 "옳습니다" 하고 받아들여야 한다. 누가 흉을 보든 말든 상 밑에 떨어진 부스러기라도 감사함으로 받으면, 그것이 큰 믿음이다. "너희 집은 왜 그렇게 콩가루 집안이냐?" 이런 말을 들어도 "부모님이 나를 예수 믿게 해 줘서 너무 감사해!" 하고 말할 수 있는 것이 큰 믿음이다.

가나안 여인은 그토록 절박한 상황에서 믿음의 모범, 인내의 모범, 겸손의 모범, 그리고 기도의 모범을 보여 주었다. 이스라엘의 잃어버린 양 외에는 보살피지 않겠다고 하시는 예수님의 냉대에도 불구하고 부스러기 은혜라도 달라고 도우심을 구했다. 어떤 말을 들어도 "주여, 옳소이다" 인정하며 하나님이 주신 자존감으로 내 자존심을 내려놓았다.

가나안 여인이 자기 죄 때문에 이방인이 됐는가? 아니다. 그럼에도 이 여인은 자기가 멸시받고 천대받는 이방인임을 겸허히 인정했다. "옳소이다! 나는 당신이 말씀하시는 것보다 더 죄인입니다"라고 대답했다.

나의 간절함을 보시려고 침묵과 냉대의 훈련을 겪게 하시는 주님의 마음을 알고, 유창한 기도가 아니라 진실한 기도를 드리는 것이 큰 믿음이다. 자기의 비천함을 보고, 자기를 낮추는 것이 응답받는 기도의 비결이다.

여호수아의 승리

성경을 보면 그 긴 역사 속에서 전쟁이 끊임없이 일어난다. 여호수아도 이스라엘을 위해 숱한 전쟁을 치러야 했다. 그러나 그 모든 전쟁에서 하나님은 여호수아의 손을 들어 주셨다. 여리고 성은 침묵으로 기도하며 열세 바퀴 돌았을 뿐인데 성벽이 와르르 무너졌다. 아이 성 싸움에서는 하나님의 말씀에 귀 기울이지 않고 정탐꾼의 말만 믿고 전투를 벌였다가 처참히 패배했지만(수 7장) 나중에 하나님이 이기게 하셨다. 그리고 이스라엘 역사상 큰 전쟁인 아모리 다섯 왕과의 전쟁에서도 승리를 거두었다(수 10장). 여호수아는 어떻게 이 큰 전쟁을 이길 수 있었을까?

예루살렘 왕 아도니세덱이 아모리의 여러 왕들에게 전령을 보내 "기브온을 치자"고 한 이유는 '기브온이 이스라엘과 화친했기 때문'이다(수 10:1-5). 나를 속인 기브온을 용서했더니 그 기브온이 하나님을 섬기겠다고 하는데, 그것 때문에 아모리 다섯 왕이 싸우자고 덤벼들었다. 이스라엘이 아닌 기브온을 치려고, 아모리 다섯 왕이 연합을 한 것이다. 창녀였던 과거를 숨기고 결혼한 아내를 용서했더니 그 아내가 예수님을 믿겠다고 한다. 그런데 시부모와 시누이들이 그 아내를 내치려고 하는 것과 같다. "네 주제에 예수 믿겠다고? 네가 교회 나가면 별수 있을 줄 알아!" 하며 내가 용서하고 전도한 아내를 치려고 온 시댁 식구가 연합을 한 것이다.

기브온은 여호수아에게 도움을 요청한다. 여호수아로서는 문제 많은 여자를 간신히 용서하고 받아들였는데, 그 여자 때문에 골치 아픈 일이 생긴 셈이다. 내가 용서하고 전도한 기브온에게 돈 문제, 명예 문제, 가정 문제, 질병 문제 등 큰 사건들이 연이어 터진 것이다. 용서하고 데리고 살아 주는 것만도 생색을 이만큼 내고 싶은데 시간과 돈까지 써 가며 막아야 할 형편이 되어 버린 것이다.

여호수아 입장에서는 '괜히 전도했다, 괜히 데리고 살았다'는 생각이 들지 않겠는가? 비록 창녀였지만 믿음으로 용서하고 받아들였더니 이제 가난한 처가를 도와 달라고 한다. "당신이 나 용서한다면서요. 내가 나무 패고 물 긷고 있으면 당신 집에 영원히 받아들여 준다면서요" 하며 속히 도와달란다. 이만하면 그녀와 결혼한 것이 후회막심이지 않겠는가! 물에 빠진 사람 건져 줬더니 보따리 내놓으라는 식이다. 이런 기가 막힌 요구 때문에 여호수아가 치러야 하는 전쟁이 바로 아모리 다섯 왕과의 전쟁이다.

하나님은 이 전쟁을 통해 내 진심을 물으신다. "너 정말 그 사람을 용서했니? 그렇게 너를 속인 사람과 진심으로 같이 가고 싶니? 그 사람이 죽을 때까지 안 변해도 함께 갈 거니?" 하고 물으신다. 어렵게 용서한 남편이 계속해서 술을 마시고 여자를 찾아가고 도박을 끊지 못하는 것을 보고 하나님이 "너 정말 저 사람을 진심으로 용서했어?" 하고 물어보신다.

한 남편이 평생 바람을 피웠다. 생활비도 안 주고, 심지어 딴 살림까지 차렸다. 부인이 중풍 걸린 시아버지를 모시는데도 전혀 모른 척했다. 믿음 있는 아내는 그런 남편을 용서했다. 그러던 중 부인이 그만 암에 걸려 투병하다가 결국 천국에 갔다. 몹쓸 남편은 장례식에 나타나서 아이들이 있거나 말거나 부조금까지 챙겨 갔다. 그런데 그렇게 악한 남편이 부인이 죽은 지 1년 만에 예수님을 믿게 됐다. 날마다 눈물로 회개하며 신학 공부를 하겠다고 한다. 부인은 비록 남편의 변화를 보지 못하고 천국에 갔지만, 고통 중에도 묵묵히 뿌린 복음의 씨가 그새 자라나서 마침내 열매를 맺은 것이다. 온 맘 다해 사랑을 베풀어도 그 열매를 보지 못하고 세상을 떠날 수 있다. 그래도 나는 사랑을 붓기만 하면 된다. 그다음은 하나님이 역사하신다.

기브온은 이 이야기 속의 남편과도 같은 족속이다. 내가 죽을 때까지 나의 기브온은 변하지 않을 수도 있다. 그래서 이 전쟁은 우리 인생에서 가장 큰 전쟁이다. 상대방이 죽도록 변하지 않아도 나는 끝까지 사랑한다는 하나님의 마음을 가지고, 오직 믿음으로 싸워야 할 전쟁인 것이다.

나를 속인 사람이 도움을 요청할 때 당신은 어떻게 응하겠는 가. '너도 당해 봐라' 이런 마음이 들지 않겠는가? 내가 용서하고 그렇게 도와줬는데도 평생 안 변하는 기브온과 끝까지 같이 갈 자신이 있는가?

남편을 떠나보낸 지 얼마 안 된 30대 후반에 말씀을 전하러 서초구치소에 간 적이 있다. 복음을 전했더니 놀랍게도 모두가 영접을 했다. 그런데 정작 나는 '이 사람들이 출소해서 나를 찾아오면 어떡하지?' 하는 생각을 했다. 당시 과부 혼자서, 그것도 목사도 아닌 집사 신분으로 재소자들을 전도한다는 것이 쉬운 일은 아니었다.

훗날 교회를 개척하고 내가 낸 책이 신문에 실리면서 당시 전도한 죄수들이 편지를 보내왔다. 나는 그분들에게 성경책을 보내 주고, 그분들을 위해 기도했다. 하지만 만약 그분들이 지금이라도 우리들교회에 찾아온다면 어떻게 해야 할까? 교회는 아름다운 사람들만 모이는 곳이 아니라 100프로 죄인들이 모이는 곳이다. 진짜 죄인이 오는데 누가 막을 수 있겠는가. 하지만 그런 분들과 함께 가기란 보통 어려운 일이 아니다. 기브온을 받아들이고 함께 간다는 것이 그렇게 어려운 일이다.

그래서 우리는 주님께 기도할 수밖에 없다. 용서하기도 힘들었는데 끝없이 도움을 요청하는 기브온을 돕기 위해서는 기도가 더욱 필요하다.

기브온 사람들이 길갈에서 여호수아에게 도움을 요청하자 여호수아는 길갈에서 작전을 개시했다(수 10:6-9). 하나님은 길갈에서 약속의 말씀을 주셨다. 길갈은 이스라엘 백성이 요단강을 건넌 후, 열두 돌을 취해서 기념으로 삼았던 곳이다. 수치가 물러간 곳, 죽음이 물러간 곳, 부활의 장소가 된 곳, 약속의 말씀이 있는 곳이다.

전쟁에서 승리하려면 그 길갈로 돌아가야 한다. 말씀의 길갈로 돌아가야 한다. 길갈에서 기도해야 한다. 내 주제를 아는, 내가 죄인임을 아는 길갈과 계속 통신을 주고받지 않으면 우리는 전쟁에서 이길 수 없다. 내 힘으로 요단강을 건널 수 없음을 기억하는 공동체야말로 우리의 길갈이다. 예배에서 약속의 말씀을 받고 기억하며 기도할 수 있는 곳, 그런 길갈이 있기에 내 힘으로 할 수 없는 용서와 사랑을 할 수 있는 것이다.

여호수아는 "모든 군사와 용사와 더불어" 이 문제에 달려들었다(수 10:7). 기브온을 돕는 데 전심전력을 다했다. 이스라엘이 개만도 못하게 여기는 이방인을 위해서, 거짓말만 늘어놓은 그들을 위해서 모든 군사가 싸우러 나갔다. 명분도 없어 보이고 하찮아 보이는 그 사람들을 위해 전쟁을 하려니 분이 나기도 했을 것이다.

그러나 여호수아는 하나님의 이름을 생각하며 그들을 품었다. 죽이고 싶을 만큼 미워도 주님 때문에 사랑하고 나아갈 때 언젠가는 반드시 합당한 열매를 주신다. 기브온 같은 사람을 돕고 세우는 과정에 내 몸을 던지고 기쁘게 동참할 때 하나님이 튼실한 열매를 주신다.

말씀대로 기도하고 행하면 하나님이 나를 도와주신다. 기브온을 돕고자 마음만 먹어도 하나님이 도와주신다. 승리하게 하신다. 다섯 왕이 아니라 열 왕, 백 왕이 몰려와도 그들을 물리쳐 주신다.

"여호와께서 그들을 이스라엘 앞에서 패하게 하시므로"(수 10:10) 여호수아가 이겼다. 이스라엘 역사상 큰 전쟁, 아모리 다섯 왕과의 전쟁에서 칼에 죽은 자보다 우박에 죽은 자가 더 많았다. 내가 아무리 수고해도 하나님이 힘이 되어 주시지 않으면 내가 칼로 죽일 사람이 몇이나 되겠는가? 내가 돈으로 도와줄수 있는 사람이 몇이나 되겠는가? 하나님이 도와주셔야 한다. 내 힘으로 싸우는 것이 아니다. 그 믿음으로 기도하면 하나님이 칼과 우박을 허락하신다.

> "여호와께서 아모리 사람을 이스라엘 자손에게 넘겨 주시던 날에 여호수아가 여호와께 아뢰어 이스라엘의 목전에서 이르되 태양아 너는 기브온 위에 머무르라 달아 너도 아얄론 골짜기에서 그리할지어다 하매 태양이 머물고 달이 멈추기를 백성이 그 대적에게 원수를 갚기까지 하였느니라 야살의 책에 태양이 중천에 머물러서 거의 종일토록 속히 내려가지 아니하였다고 기록되지 아니하였느냐"(수 10:12-13)

여호수아가 얼마나 급했으면 이런 기도를 했을까. 기브온을 도와주긴 해야 하는데 힘이 부족했다. 그래서 할 수 있는 것이라곤 기도밖에 없었다. "태양아, 머물러라. 달아, 너도 머물러라!" 여리고나 아이 성 싸움을 할 때만 해도 이처럼 절박하게 기도하지 않았다. 이런 절박한 기도는 나 때문에 하는 것이 아니라, '너' 때문에 하는 것이다. '사랑스러운 너, 불쌍한 너'가 아니라 '나를 속인 너, 용서할 수 없는 너'를 위해 하는 것이다. 너무나 절박하기에 '태양이 머물고, 달이 머물러서 도와주기를' 기도하는 것이다.

남편이, 아빠가 교회 가는 것을 너무 핍박한다면 "주님, 아빠가 마음을 돌리고 예수님 믿을 수 있도록 제가 공부를 잘해야겠습니다. 이 시험을 잘 보게 해 주세요!", "주님, 남편이 예수 믿기 위해서는 제가 집안일을 잘해야 합니다. 아프지 않게 해 주세요. 병을 고쳐 주세요!" 하고 기도해야 한다.

때로는 육적인 기도가 필요할 때가 있다. 나를 위해서가 아니라 나를 속인 자를 위해서라면 필요에 따라 육적인 것을 구해야 할 때도 있다. 다만 그 사람의 구원을 위해 구해야 한다. 그럴 때 하나님은 100프로 응답하신다.

원수의 실체를 알고 기도하라

하나님은 여호수아가 치른 아모리 전쟁을 '원수를 갚은 전쟁'이라고 하셨다(수 10:13).

40년 광야 생활과 여리고와 아이 성 전투를 거쳐서 이제 가나안 땅에 들어섰는데, 또 전쟁을 치러야 했다. 그것도 나를 속인 기브온을 돕기 위한 전쟁이었다.

내 가정의 구원을 위해 싸우기도 바쁜 마당에 '왜 상관없는 일에 돈을 써야 돼? 시간을 써야 돼?' 하는 생각이 들지 않겠는가? 말도 안 되는 사람 때문에 내가 희생해야 한다는 것, 생각하기도 싫은 일이다. 그러나 희생보다 더 큰 사랑은 없다.

주님은 기브온이 원수가 아니라고 하신다. 나를 속인 남편이 원수가 아니라는 것이다. 원수는 내 남편, 내 자녀가 아니라 그들을 끝내 용서하지 못하는, 싫어하는 내 마음이다. 부도가 나도 내 속의 욕심이 원수이고, 남편이 바람을 피워도 내 속의 분노가 원수다. 가장 큰 원수는 내 안의 유혹과 탐심인 것을 알아야 한다. 그래야 대적에게 원수를 갚을 수 있다.

기브온을 돕는 전쟁을 치르면서 여호수아는 나의 원수를 보게 되었다. 그래서 기브온 같은 사람이 내 옆에 있다는 것은 나의 악을 보는 축복의 기회다. 교만 때문에 한 번 회개하기가 그렇게 어려운데, 우리에게 기브온을 주시므로 회개할 거리를 주시니 얼마나 감사한가! 속고 속이는 사건 속에서 먼저 처리되어야 할 내 속의 원수, 즉 욕심, 분노, 시기를 깨달아야 한다. 기브온이 변하는 것보다 내 속의 악을 깨닫는 것이 진정 축복임을 믿어야 한다.

그날에 하나님이 '사람의 목소리를 들으셨다'고 한다(수 10:14). 내 속의 악을 깨닫고 내 원수의 실체를 알고 기도했을 때 하나님께서 그 기도를 들으셨다. 하나님께 기도할 때만큼 아름다운 목소리가 없다. 목소리는 내 주장을 내세우고, 배우자를 욕하고, 불평할 때 쓰는 게 아니다. 나의 기브온을 위해 기도할 때, 기브온을 살리기 위해 부르짖을 때 써야 한다. 그때 하나님이 나의 목소리를 들으신다. 전무후무한 100프로 응답으로 나를 위해 싸워 주신다.

한 집사님은 말씀이 들리면서부터 남편에 대한 억울함과 막막함이 팔짝팔짝 뛰고 싶을 정도의 기쁨으로 변했다고 한다. 그래서 자신의 이야기를 지체들에게 나누고, 교회 홈페이지에도 글을 올렸다.

"남편이 사업을 하면서 제 이름으로 빚을 얻었는데 사업에 실패하면서 결국 저까지 신용불량자가 됐습니다. 대학병원의 간호사로 일하고 있던 저는 직장도 그만둘 수밖에 없었습니다. 그 와중에 남편은 다른 여자와 외국으로 떠나 버렸습니다. 아이를 데리고 살아야 하는데 남편도, 직장도 잃고… 당연히 이혼 소송을 했습니다. 그러던 중에 우리들교회에 등록하게 되었습니다. 그런데 설교할 때마다 '이혼은 안 된다, 가정을 지켜야 한다'고 하니 갈등이 일어났습니다. 힘들었지만 말씀에 순종해서 이혼 소송을 취하했습니다. 건강도 나빠지고 형편도 어려워졌지만 말씀을 따라 살기 위해 애썼습니다. 돈이 없어도 없는 것에 순종하고, 이스라엘 공동체에 속해 있기만 하면 요단강을 건넌

다고 하니 그때까지 믿음의 공동체에 붙어 있겠습니다."

집사님이 이렇게 적용하자 믿지 않던 동서가 전도되었고, 남편이 남기고 간 1억 원이 넘는 빚을 시댁에서 갚아 주겠다고 했다. 교회에 온 지 9개월 만에 직장에도 복직되었다. 처음 생각대로 이혼을 했다면 하나님의 뜻도 어기고, 빚도 그대로 떠안고, 아이들에게도 큰 상처가 됐을 텐데, 말씀을 듣고 지켰더니 하나님이 살길을 열어 주셨다. 이제는 받은 은혜를 나누어 줄 일만 남았다고 했다.

기브온을 돕는 전쟁이란 이런 것이다. 아무리 큰 잘못을 저지른 남편이라도 함께 가기 위해 그를 위한 기도를 할 때 하나님은 100프로 응답하신다. 하나님은 가정을 살리고 지키는 자를 무조건 축복하신다. 가정이 해체되면 교회도 갈라질 수밖에 없기 때문이다.

기도 응답을 받겠다고 새벽기도, 철야기도, 산기도 열심히 다녀 보라. 소나무 몇 뿌리 흔들어 보라. 그런다고 해와 달이 멈추는 게 아니다. 내가 용서할 수 없는 사람을 용서하고, 그 사람에게 축복을 베풀어 달라고 드리는 기도가 100프로 응답받는 기도다. 나를 속인 사람을 도우려니 너무 힘들지만, 나를 살려 주신 말씀의 길갈을 기억하고 드리는 기도가 100프로 응답받는 기도다. 평생 짐이 되는 기브온을 보며 나의 악을 깨닫고, 원수의 실체를 알고 드리는 기도가 100프로 응답받는 기도다.

말씀대로 행하며 기도하라

이스라엘에 기근이 들자 아합은 그 이유가 엘리야 때문이라 하고, 엘리야는 아합이 여호와의 명령을 버리고 바알 신을 모셨기 때문이라 한다(왕상 18:17-18). 아합이 누구인가? 그는 "이전의 모든 사람보다 여호와 보시기에 악을 더욱 행한"(왕상 16:30) 이스라엘의 왕이었다. 죄짓는 것을 가볍게 여기고 바알을 섬겼다. 그로 인해 하나님이 노하심으로 아들을 잃기까지 했다(왕하 10:1-10). 이스라엘의 기근도 결국 그로 인한 것이었다. 그럼에도 아합은 자기 죄를 보지 못하고 오히려 엘리야를 탓했다.

이에 엘리야가 모든 백성에게 가까이 나아가 "여호와가 만일 하나님이면 그를 따르고 바알이 만일 하나님이면 그를 따를지니라" 하자 백성조차 입을 다문다(왕상 18:21). 아합이 사마리아에 신전까지 지어 놓고 바알을 숭배하니 백성도 따를 수밖에 없었다 해도 무엇이 진리인 줄 알았기에 백성은 입이 열 개라도 할 말이 없었던 것이다.

우리는 예수님을 믿고 하나님의 말씀을 들으며 은혜를 누린다고 하다가도 행여 자식이나 남편, 집안의 유익이 걸린 유혹이 오면 언제든지 하나님에게서 등을 돌리고 그리로 달려간다. 말씀은 뒷전이다. 예배드리려고 교회에 가다가도 "지금 당장 어딜 가면 자식이 공부 잘하는 법을 알려 준다, 사업 잘되게 하는 법을 알려 준다" 하면 가차 없이 돌아선다.

엘리야가 "송아지 둘을 우리에게 가져오게 하고 그들은 송아지 한 마리를 택하여 각을 떠서 나무 위에 놓고 불은 붙이지 말며 나도 송아지 한 마리를 잡아 나무 위에 놓고 불은 붙이지 않고 너희는 너희 신의 이름을 부르라 나는 여호와의 이름을 부르리니 이에 불로 응답하는 신 그가 하나님이니라" 하니 꿀 먹은 벙어리처럼 잠자코 있던 백성들이 그제야 한목소리로 "그 말이 옳도다" 한다(왕상 18:23-24).

왜 그랬을까? 송아지 두 마리는 그들의 삶과 직접적인 관련이 없기 때문이다. 그까짓 송아지 두 마리 각을 뜨고 불에 태워 봤자, 자기가 죽는 것도 아니고 자기 송아지를 죽이는 것도 아니기 때문이다. "내가 손해 볼 것도 아니니 맘대로 해 보라"는 것이다.

이렇게 이기적인 백성이 아침부터 낮까지 바알의 이름을 불렀다. "바알이여 우리에게 응답하소서" 하고 기도했다. 불을 달라고, 원하는 것을 달라고 애원했다. 그러나 아무런 응답이 없었다(왕상 18:26). 눈물로 애원해도 이기적인 마음으로 세상 신을 향해 구하는 기도는 응답받을 수 없다. 거짓 신이 어떻게 응답을 하겠는가. 큰 소리로 부르고, 그들의 규례를 따라 피가 흐르기까지 칼과 창으로 그 몸을 상하게 하며 기도해도 소용이 없었다. 해가 저물어 저녁 소제를 드릴 때까지 "아무 소리도 없고 응답하는 자나 돌아보는 자가 아무도 없었다"(왕상 18:28-29).

피를 흘리고, 몸이 상할 정도로 기도하는 행위는 우상을 섬기는 사람들의 특징이다. 돈, 권세, 성공의 우상을 섬기며 큰 소리로 부르짖으며 빌고 빌다가 스스로를 망치고, 피를 토하고, 절망하고, 낙망한다. 자식이 우상이기에 어떻게든 내 뜻대로 해 보려고 자식과도 피 터지게 싸운다. 그러나 세상 우상을 향한 기도는 응답이 없다. 우상은 응답하지도 않고, 응답할 수도 없다.

예수 믿으면서도 이런 우상을 놓고 기도하는 사람들이 너무 많다. 새벽기도에, 철야기도에, 금식기도까지 하면서 그야말로 피를 토하는 기도를 한다. 자식의 입시와 남편의 성공을 위해서 부르짖는 사람들이 얼마나 많은지 모른다.

복은 믿음의 길에서 하나님의 영광을 나타내는 수단일 뿐이지 절대 목적이 되어서는 안 된다. 복 자체가 목적이 되어 기도하면 결국 바알 선지자들처럼 자신을 망치고, 자녀를 망치고, 가정을 망치게 된다.

그러나 엘리야는 열심과 광란으로 기도한 바알 선지자들과 달리 말씀에 의지하여 확신에 찬 기도를 드렸다.

"아브라함과 이삭과 이스라엘의 하나님 여호와여 주께서 이스라엘 중에서 하나님이신 것과 내가 주의 종인 것과 내가 주의 말씀대로 이 모든 일을 행하는 것을 오늘 알게 하옵소서 여호와여 내게 응답하옵소서 내게 응답하옵소서 이 백성에게 주 여호와는 하나님이신 것과 주는 그들의 마음을 되돌이키심을 알게 하옵소서"(왕상 18:36-37)

엘리야는 이 세상에서 가장 위대한 힘을 가진 분은 아브라함의 하나님, 이삭과 야곱의 하나님임을 알았다. 그 약속의 하나님을 의지했기에 확신에 찬 기도를 드릴 수 있었다. 엘리야의 기도는 즉시 응답을 받았다. 여호와의 불이 내려와 번제물과 나무와 돌과 흙을 다 태워 버리니 그것을 본 모든 백성이 엎드려 "여호와 그는 하나님이시로다 여호와 그는 하나님이시로다"(왕상 18:39) 했다. 그제야 바알에게로 향하던 백성의 마음이 돌아선 것이다.

엘리야는 자신의 능력으로는 백성의 마음을 돌이킬 수 없음을 알았다. 하나님만이 그들을 회개하게 하신다는 것을 알고 있었다. 그래서 그는 오직 하나님만 믿고 의지하며 모든 일을 행했다.

100프로 응답받는 기도의 비밀

"너희가 내 안에 거하고 내 말이 너희 안에 거하면 무엇이든지 원하는 대로 구하라 그리하면 이루리라"(요 15:7)

"무엇이든지 원하는 대로 구하라 그리하면 이루리라"고 하신다. 그런데 전제 조건이 있다. "너희가 내 안에 거하고 내 말이 너희 안에 거하면"이다. 그럼에도 우리는 주님 품 안에 거하거나 말씀 볼 생각은 하지 않고 그저 기도만 해댄다. 그렇게 내 멋대로, 내 뜻대로 기도해 놓고 이루어지지 않는다고 불평하고 원망한다. "원하는 대로 구하라!" 하는 듣기 좋은 말씀만 골라서 읽고, 내가 원하는 것, 정욕적인 것만 구하니 응답이 없는 것이다.

응답을 받으려면 무엇보다 내가 주님 안에서 살아야 한다. 말씀이 점차 내 인격이 되어야 한다. 그래야 무엇이든 원하는 대로 이룰 수 있다. 명령을 따라, 말씀을 따라 그대로 행해야 헛된 야망을 품지 않게 되고, 그럴 때 기도하면 응답받게 된다.

믿음이 있으면, 말씀이 들리면 기도 내용이 달라질 수밖에 없다. 그러니 기도 내용만 봐도 각자 믿음의 분량이 어떠한지 알 수 있다.

말씀이 임하면 너무 찔림을 받아서 아프기도 하지만, 곪아 있던 고름이 터져서 치유되는 시원함도 있다. 말씀이 임하므로 회

개의 역사가 일어나기 때문이다. 말씀도 없고 회개도 없는 기도
는 그저 시끄러운 꽹과리 소리에 불과하다. 허공을 향한 부르짖
음에 불과하다. 말씀 없이, 회개 없이 기도하면 되돌아오는 것
은 메아리뿐이다.

온 마음을 다해 기도하라

> "너희는 내가 사로잡혀 가게 한 그 성읍의 평안을 구하고 그를
> 위하여 여호와께 기도하라 이는 그 성읍이 평안함으로 너희
> 도 평안할 것임이라"(렘 29:7)

하나님께 포로로 사로잡혀 간 그 성읍을 위해 기도하라 하신
다. 이 말은 내게 고난을 준 그 사람을 위해 기도하라는 것이다.
그래야 나도 평안할 것이라 하신다. 하지만 예레미야처럼 자처
해서 멍에 메는 사람을 보면 어떤가? 왠지 모자라 보이고 지질해
보이고 볼품없어 보인다.

나는 시댁에서 갖은 구박과 수모를 받으면서도 오직 남편의
구원을 위해 참고 견디며 멍에를 멨는데 그런 나를 어떤 사람은
"왜 저렇게 지질하게 살아?" 하며 비난했다. 언제 끝날지 모르는
시집살이였지만 그럼에도 나는 '죽을 때까지 멍에 메는 길을 가

런다' 하고 집에서는 말씀에만 매달리고, 병원에서는 환자들에게 전도만 했다. 그러자 환자들이나 병원 직원들이 명색이 원장 사모인 나를 하찮게 여겼다.

나도 예레미야 시대의 거짓 선지자 하나냐처럼 멍에를 꺾어 버렸으면 아주 잘나갈 수 있었다. 믿음 좋아 보이고, 대단해 보이는 모습으로 살 수 있었다. 그러나 하나냐로 살면 멍에 뒤에 오는 찬란한 영광을 결코 볼 수가 없다. 나는 소망이 확실해서 멍에를 멨다. 장차 내가 누릴 영광이 대단한 걸 알아서 멍에를 멨다.

신앙생활을 하게 되면 어떤 식으로든 고난이 온다. 내가 짊어져야 할 십자가, 내가 메야 할 멍에가 반드시 있다. 멸망하여 포로가 되었다가 회복이 되고, 또 멸망하고 포로가 되었다가 다시 회복되는 과정들을 통해 영이 세워지고 하나님나라가 이루어진다. 그렇게 믿음이 자라면 멍에를 메는 기쁨까지 누릴 수 있다. 고난이 축복임을 깨닫게 된다.

그런데 우리는 이런 축복을 몰라서 멍에 메기를 꺼린다. 하나님나라에는 관심이 없고, 당장 눈에 보이는 나라만 너무 좋으니 멍에 따위에는 관심이 없다. 오히려 멍에 멘 사람을 지질하게 바라본다.

하지만 하나님의 생각은 우리와 너무나 달라서 먼저 멍에를 메고 그 멍에를 위해 기도하라고 하신다. 멍에를 메고 부르짖어야 그 기도를 들으시겠단다(렘 29:12). "나를 핍박하는 아무개가 잘되게 해주세요" 하며 멍에를 잘 메고 기도하면 하나님은 반드시 축복하신다.

포로 생활도 해 보고, 멍에도 잘 메고 있는 사람의 기도는 확실히 뭔가 다르다. 기도를 들어 보면 저 사람이 멍에를 메고 있는지 아닌지를 알 수 있다. 그 짧은 기도 속에서 그가 어떤 목적으로 살고 있는지, 무엇을 바라보며 살아가는지가 드러난다.

또한 하나님은 "온 마음으로 나를 구하라" 하신다(렘 29:13). 그래야 하나님을 찾을 수 있고, 하나님을 만날 수 있다고 하신다.

우리는 하나님을 찾아야 하는데 자꾸 돈을 찾는다. 하나님을 찾으려고 기도하는 것이 아니라 돈을 찾으려고 기도한다. 눈앞에 '삼삼하게' 어른거리는 것이 하나님이 아니고 내 욕심들이다. 돈이고 야망이다. 그러니 하나님이 무슨 말씀만 하면 못 들은 척한다. 심지어 분을 내는 사람도 있다. "뭔 설교가 저래?" 하고 분을 내고 괜스레 설교자를 흉본다.

온 마음을 다하지 않으면 하나님을 찾을 수도 만날 수도 없다. 하나님을 볼 수도 없는데, 하물며 무엇을 구하겠는가? 무슨 기도가 되겠는가? 내가 하나님을 사랑하지 않는데, 온 마음을 다하지 않는데, 그 기도를 하나님께서 들으시겠는가? 미운 놈

떡 하나 더 준다고는 하지만, 말도 안 듣는 미운 자식이 '달라, 달라' 하며 매달린다고 선뜻 주고 싶은 마음이 생기겠는가?

내 죄부터 둘러엎어라

"예수께서 성전에 들어가사 성전 안에서 매매하는 모든 사람들을 내쫓으시며 돈 바꾸는 사람들의 상과 비둘기 파는 사람들의 의자를 둘러엎으시고"(마 21:12)

사람들은 왜 성전에서 매매 행위를 했을까? 예수님은 왜 돈을 바꾸고 비둘기 파는 사람들의 의자를 둘러엎으셨을까? 당시 유월절을 지키기 위해 성전에 들어가려면 성전세를 내야 했다. 그런데 경건을 이익의 재료로 삼는 사람들은 로마 황제의 얼굴이 새겨진 로마 화폐를 성전세로 내지 못하게 했다. 정작 자신들은 돈이 우상이면서도 '로마 화폐를 성전에 내는 것은 우상숭배'라고 가르친 것이다. 그러고는 로마 화폐를 성전 화폐로 바꿔 주며 부당한 이득을 취했다.

한편 이스라엘 사람들은 성전에 올 때 숫양과 숫염소, 비둘기 등을 제물로 가져와 바쳤다. 그중에서 비둘기는 가난한 사람들이 바치는 제물이었다. 그러나 비둘기는 성전까지 가져오기가 불편해서 대부분의 사람들은 성전 앞에서 비둘기를 사서 바쳤다. 그게 일반적인 관례였다. 그런데 원래 삼사백 원 하는 비둘기를 제사장 도장 하나 찍고 삼사천 원에 팔아서 대제사장들이 폭리를 취했다. 성전에서 자기 정욕을 채운 것이다. 성전은 기도하는 집인데 강도의 소굴로 만들었기에(마 21:13) 예수님이 그들의 의자를 둘러엎으신 것이다.

간혹 자신의 사업을 위해 큰 교회로 옮기는 사람들이 있다. 큰 교회 성도들만 팔아 줘도 돈이 될 것 같기 때문이다. 이렇게 경건을 이익의 재료로 삼으면 안 된다. 하나님께서 반드시 둘러엎으신다.

예레미야서를 보면 당시에도 성전이 부패했음을 알 수 있다.

> "너희는 이것이 여호와의 성전이라, 여호와의 성전이라, 여호와의 성전이라 하는 거짓말을 믿지 말라"(렘 7:4)

자신의 행위를 바르게 하지 않으면서 '여호와의 전'이라고 부르짖는 거짓말에 속지 말라는 것이다. 유다 국가 말기에 이스라엘 백성들 사이에서는 성전 우상주의가 팽배했다. 성전에는 수많은 사람들이 모였지만 모두 형식적인 예배를 드릴 뿐 서로를 돌보는 이가 없었다. 루터의 종교개혁 당시 작은 마을에도 교회가 수두룩했지만 모두 형식적인 예배를 드릴 뿐이었다. 주님은 교회가 '기도하는 집'이라고 하셨는데, 성전을 이용해 유익을 얻으려는 사람들로 가득하니 교회가 하나님의 시간과 재물을 도적질하는 강도의 소굴이 되어 버렸다.

우리도 강도가 될 수 있다. 오늘날 교회도 강도의 소굴이 될 수 있다. 강도의 소굴이란 남의 돈을 강탈한 후 도망가 겨우 안도의 숨을 쉬는 비밀 아지트다. 그런데 교회가 어떻게 강도의 소굴이 될 수 있는가?

100억 탈세하고 10억 헌금하러 교회에 와서 겨우 안도의 숨을 쉰다면 교회는 강도의 소굴이다. 일주일 동안 가족에게 별짓 다하고는 교회에 와서 안도의 숨을 쉰다면 그곳이 강도의 소굴이다. 성전에만 오면 회개하지 않아도 죄가 면제된다고 안도의 숨을 쉬었기에 예수님은 성전을 강도의 소굴이라 꾸짖으며 상을 둘러엎으셨다. 우리가 스스로 우리의 죄악을 둘러엎지 못했기 때문에 주님이 하신 것이다.

예수님이 내게 임하시면 내가 바로 성전이다. 하나님의 전이다. 그런데 지금 나는 어떠한가?

내 안에 온갖 더러운 것들이 가득 쌓여 있지는 않은가? 돈을 좋아하고, 악과 음란이 있고, 술 담배를 즐기고, 나쁜 생각, 나쁜 가치관을 잔뜩 쌓아 놓은 내 성전에서 기도하면 무슨 응답이 있겠는가? 이렇게 더러운 성전에서 기도하면 응답은커녕 주님이 둘러엎으신다. 내가 먼저 둘러엎지 못하니 하나님께서 둘러엎으시는 것이다. 그러므로 기가 막힌 일을 당했다면, 나 대신 주님이 둘러엎으셨음을 인정하고 감사해야 한다. 그저 100프로 기도 응답받는 조건은, 먼저 내 죄를 보는 것이고, 그 죄를 깨끗이 둘러엎는 것이다.

진정한 기도 응답은 상황이나 환경이 바뀌는 것이 아니다. 깨달음이 곧 응답이다. '짠!' 하고 문제가 해결되는 것이 응답이 아니라, 사건을 주신 하나님의 의도와 마음을 깨닫게 되는 것이 응답이다. 그로 인해 내 믿음이 진보하는 것, 그것이야말로 최고의 기도 응답이다.

죄 중에 있으면 너무 두려워서 예수님이 안 보이고 상실감으로 기도가 막힐 때가 있다. 그러나 그런 때일수록 하나님의 인도하심을 구하며 더욱 기도해야 한다. 성령님이 말할 수 없는 탄식으로 우리를 위하여 간구하시고 효과적으로 도우심을 믿어야 한다(롬 8:26).

길을 가다가 돌부리에 걸려 넘어져도, 바다를 건너다 폭풍을 만나도, 하나님이 택한 백성은 목적지로 가게 되어 있다. 애굽에서 출발해 가나안 땅으로 가다가 지진이 있고 홍수가 있어서 다시 돌아간다면 그것은 하나님께서 택한 자가 아니다. 우리는 비록 연약하지만 성령이 우리를 효과적으로 도우심으로, 택한 사람은 약속의 땅 가나안으로 가게 되어 있다.

구속사적인 기도를 하라

시편 3편은 '다윗이 그 아들 압살롬을 피할 때 지은 시'다. 성경에 기록된 제목만 봐도 너무나 슬프다. 압살롬과의 전쟁은 다윗으로서는 이길 수도 질 수도 없는 전쟁이었다. 자신이 이기면 아들이 죽고, 자신이 지면 하나님나라가 무너지게 된다. 이처럼 어려운 전쟁이 어디 있겠는가. 그래서 그는 오직 하나님께 매달렸다.

> "내가 나의 목소리로 여호와께 부르짖으니 그의 성산에서 응답하시는도다(셀라)"(시 3:4)

다윗의 기도는 어찌 그리 아름다운지 모르겠다. 다윗은 "나의 목소리로 여호와께 부르짖으니" 했다. 내가 내 음성으로 하나님께 부르짖으니 내게 귀를 기울이셨다는 것이다. 기도는 내가 직접, 내 목소리로 해야 한다. 내가 하는 기도가 가장 힘이 있고, 내 목소리로 부르짖는 것이 응답받는 지름길이다.

그렇다면 성산에서 응답받았다는 것은 무슨 뜻인가?

다윗이 부르짖으며 기도했더니 성산에서 응답이 들려왔다. 그래서 주님의 거룩한 산 성산을 바라보았더니, 하나님께서 자신을 너무 사랑하셨기에 그 전쟁을 겪게 하신 것이 깨달아졌다. 압살롬과의 전쟁이 더없이 힘들었지만, 그 전쟁을 통해 또 다른 하나님의 계획이 있음을 깨달았다. 모든 사건을 하나님의 관점에서 해석하게 되었고, 주님의 뜻을 묵상하게 되었다. 어떤 사건이 와도 '아, 이것은 하나님이 나를 사랑한다는 뜻이야' 하고 해석하게 되었다. 구속사적인 구별된 가치관을 갖게 된 것이다.

나는 남편이 죽었을 때 그 사건을 통해 하나님이 나를 참 사랑하신다는 것을 깨달았다. 그래서 기뻤다. 병든 남편을 낫게 해달라고 기도했음에도 남편이 죽으면 그것도 기도 응답이라는 것을 깨달아야 한다. 하나님이 내 기도에 응답하지 않으셔서, 내 기도를 듣지 않으셔서 남편이 죽었다고 생각하면 안 된다. 남편이 죽어도 '하나님이 나를 너무 사랑하셔서 그렇게 하셨구나. 또 다른 계획이 있어서 그러셨구나' 하고 그 자체가 기도 응답임을 받아들여야 한다.

내게 상처를 준 사람이 있는가? 그래서 사는 것이 힘든가? 그러나 이제부터라도 그 사람을 원망하며 더 이상 수고하지 말라. 내가 상처를 입은 것은 절대로 누구 때문이 아니다. 그는 다만 하나님께서 내게 붙여 준 사람일 뿐이다. 나를 사랑하시기에 붙여 준 사람일 따름이다. 내가 억울하게 당하는 일도 마찬가지다. 하나님께서는 그 사건을 통해 나에게 하시려는 말씀이 분명히 있다. 그 분별을 잘해야 한다.

이제는 누구를 탓하고, 사건 자체에 집착하는 것에서 돌아서야 한다. 자녀가 공부를 못하는 것도, 몸이 약한 것도 '다 나 때문'이라는 죄책감도 버려야 한다.

압살롬은 이미 하나님의 선택에서 제외된, 육이 된 자였다. 압살롬을 미워하라는 것이 아니라 그렇게 미워하는 것, 집착하는 것을 버리라는 뜻이다. 이것을 버리지 못하면 기도가 되지 않는다. 기도가 안 되니 응답도 받을 수 없다.

압살롬은 너무나 악해 보이지만 그 또한 부모로부터 상처를 물려받은 너무나 연약한 자였다. 이렇듯 사람을 봐도 사건을 봐도 항상 구속사적인 안목을 가져야 한다.

다윗은 압살롬을 피해 다니는 동안 그것을 깨달았다. 그래서 압살롬을 원망하지 않고 오히려 자기 죄를 보며 피눈물 나는 기도를 했다. 압살롬을 죽여 달라는 기도가 아니라 내 속의 압살롬을 물리칠 수 있도록, 또 내 속에 있는 끔찍한 다말의 사건을 잊을 수 있도록 기도했다. 그 기도가 응답을 받았다.

구속사란 하나님의 구원의 역사를 말한다. 하나님이 우리의 구원을 위해 이 땅에 예수님을 보내시고, 그 예수님이 나를 구원해 주신 이야기다. 그 이야기, 그 역사가 기록된 것이 성경이다. 그 성경으로 세상을 읽어 내는 것이 구속사적인 해석이다.

예수님은 역사적으로 부활하셨다. '죽었다가 살아나셨을 것'이 아니라 정확하게 죽었다가 살아나셨다. 세상적으로는 도무지 이해가 안 되지만, 그것은 사실이다. 그것이 구속사다. 도무지 이해할 수 없는 이 세상 어떤 사건도 구속사적인 관점으로 바라보면 해석이 안 되는 것이 없다.

구속사를 알면 그 구속사 속에, 성경 속에 내가 보인다. 아브라함의 인생에서, 야곱의 인생에서 나를 보게 된다. 그래서 도무지 이해가 안 되고, 어처구니없고, 터무니없는 일을 겪게 되더라도 그것이 곧 내 삶의 결론임을 깨닫게 된다.

우리는 아브라함 시대에 누가 나라를 다스렸는지, 사무엘 시대에 다른 나라 왕들은 누구였는지 잘 모른다. 그런데 아브라함과 이삭, 야곱과 사무엘에 대해선 너무나 잘 알고 있다. 수천 년의 세월이 지난 지금까지도 이런 이름들이 전해지는 것은 그들이 성경에 기록되어 있기 때문이다. 그런데 그들은 남이 아니다. 바로 우리의 믿음의 조상이다. 우리 일가친척들이다. 내 조상, 내 친척들의 이름이 성경에 기록되어 있는 것이다. 그러므로 성경은 우리 집안 식구들에 대해 쓴 것이다. "여로함의 아들이요 엘리후의 손자요 도후의 증손이요 숩의 현손"(삼상 1:1)처럼 우리도 언젠가는 그 계보에 오르게 될 것이다. 이것이 구속사다.

그러므로 구속사의 기도를 하려면 하나님의 뜻을 알아야 한다. 성경을 모르고는 구속사의 기도를 할 수도 없고 응답을 받을 수도 없다. 구속사의 기도는 하나님의 말씀으로 드리는 기도다. 쉽게 말하자면 성경을 읽고 깨닫고 묵상하는 기도인 것이다.

일용할 양식이 필요하듯 날마다 성경을 묵상하다 보면 내가 기도해야 할 것들이 저절로 채워진다. 정함이 없이 '달라, 달라'고 구하는 기도가 아니라 하나님의 언어로 하나님의 뜻을 구하는 기도를 드리게 된다. 영적인 것을 깨달으면 육적인 것은 내게 필요한 만큼 정확히 채워진다. 그러므로 구속사의 기도야말로 진정한 기도다.

기도에도 훈련이 필요하다

내 인생을 해석하고 하나님의 뜻인 순종과 사랑을 알아도 결론은 '위하여 기도하는 것'이다. 유명한 설교가 조에트 박사는 "열 사람에게 설교를 가르치기보다는 한 사람에게 기도를 가르치겠다"고 했다. 결국 사람이 변화되는 것은 기도 때문이다. 그래서 기도의 목적도 거룩이다.

예수님이 승천하신 후 제자들은 "오로지 기도에 힘썼다"(행 1:14). '오로지'란 변함없다는 뜻이다. 애착을 가지고 전념한다는 뜻이다. 제자들은 기도를 하되 응답되지 않는다고 낙심하거나 중도에 포기하지 않고 오로지 기도했다. 그랬더니 오순절에 성령이 강림했다.

마귀는 응답이 와도 하나님에 대해 불평하게 하고 "기도를 하면 뭐 해?" 하면서 중단하게 만든다. 감사의 마음을 온데간데없게 만드는 재주가 있다. 그러므로 바울은 "기도를 계속하고 기도에 감사함으로 깨어 있으라"(골 4:2)고 했다. 감사함으로 깨어 있으려면 하나님의 뜻을 날마다 알아야 한다. 그러려면 기도가 삶의 일부가 되어야 한다. 감사와 깨어 있음은 기도를 떠받치는 두 기둥이다. 이 두 기둥을 잘 세우려면 무엇보다 외적인 훈련부터 해야 한다.

처음 믿음 생활을 시작하는 초신자들이 기도 생활을 제대로 하려면 각오와 희생이 필요하다. 세상에 길들여진 우리의 육체와 습관은 기도에 익숙하지 않기 때문이다. 교회에 처음 오면 대부분 "나는 기도할 줄 모른다"고 한다. 그러나 기도에 무슨 방법이 있고, 요령이 있는 것도 아니다. 그저 "불쌍히 여겨 주옵소서" 하는 것이 기도의 기본이다. 이것이 최고의 기도다. 그 기도만 반복해도 하나님께서 들으신다.

기도하는 시간을 법으로 정해 놓은 것도 아니다. 아침에 일어나 눈뜰 때나 잠자리에 들 때나 밥을 먹을 때나 산책을 할 때나 차 타고 갈 때나 늘 기도하면 된다. 침묵이든 통성이든 주변 상황에 따라 기도하면 된다. 남의 집을 방문해도, 병문안을 가도 먼저 기도하는 습관을 기르는 것이 좋다. 필요한 것이 있다면 '일용할 양식을 구하는' 기도도 괜찮다. '내가 기도하면 얼마나 이루어질까' 하는 생각은 하지 말고 그때그때 필요한 것을 구하면 된다.

"아무것도 염려하지 말고 다만 모든 일에 기도와 간구로, 너희 구할 것을 감사함으로 하나님께 아뢰라"(빌 4:6)

특히 초신자들의 기도는 하나님께서 잘 응답하신다. 그러니 뭐든지 기도하라. 공예배든 모임에서 대표기도를 하게 된다 해도 어렵게 생각하지 말라. 평소에 기도 제목을 써 두었다가 그것을 읽으면서 기도하면 된다. 그렇게 기도하는 습관을 갖다 보면 성령이 임하여 내 입에서 하나님이 주신 말씀이 쏟아지는 것을 발견하게 된다. 하지만 이때도 성령의 통제하에 있지 않은 기도는 함부로 내뱉으면 안 된다.

중보기도학교와 같이 여러 기도 모임에 참여해서 기도의 훈련을 받는 것도 좋다. 기도하면 그것이 곧 축복임을 깨닫게 될 것이다.

그리고 기도를 자꾸 하다 보면 배려하는 마음이 조금씩 생긴다. 남을 배려하게 되고 그러다 남을 위해 중보기도까지 하게 되면 내 기도 제목이 하나씩 이루어지는 걸 알게 된다. 기도에 열중하다 보면 세상이 점점 멀어지고, 정욕을 점점 내려놓게 되고, 죄를 지을 시간이 현저히 줄어드는 은혜를 맛보게 된다. 그러나 교회 모임이 아닌 곳에서 기도 훈련을 받는 것은 지극히 위험하다. 이상한 기도 모임이 너무나 많기 때문이다.

이런 외적 훈련을 잘 받다 보면 스스로 내적 훈련이 필요하다는 것을 느끼게 된다. 내적 훈련이란 곧 말씀으로 나를 가득 채우는 것이다. 성경을 모르면 기도에도 한계가 온다.

중세의 베네딕트 수도사는 성직자로 살기 위해 안토니 수도원에 들어갔는데 수도원장으로부터 "하루 종일 기도하라"는 지시를 받고 기도하기 시작했다. 그런데 30분이 지나니까 밑천이 떨어졌다. 기도할 거리가 없어져 버린 것이다. 그래서 그는 성경을 깊이 묵상하면서 성경을 근거로 기도하기 시작했다. 이것을 발전시킨 것이 큐티라고 할 수 있다.

성경을 깊이 묵상한다는 것은 성경을 인격적으로 읽으면서 본문을 통해 하나님이 말씀하시는 것을 듣는 훈련을 한다는 의미다. 하나님과 친하게 지내는 훈련이다. 성경을 읽으며 앞서 간 선진들의 믿음의 행전을 보면 왜 감사해야 하는지 하나님의 뜻을 깨닫기 때문에 묵상이 중요하다. 성경을 통해 하나님의 뜻을 알고 그 뜻대로 기도하면 가지치기해야 할 나의 교만이 보이고 내가 무엇을 위해 기도해야 하는지를 알게 된다.

응답받는 기도를 하려면 무엇보다 가장 먼저 하나님을 알고, 하나님과 긴밀한 관계를 유지해야 한다. 날마다 교제해야 한다. 교제는 일방통행이 아니다. 전화 통화를 하거나 대화를 하면서 일방적으로 소리 지르고 울부짖으면서 뭘 해달라고 하면 얼마나 어처구니없겠는가? 평소에 별로 친하지도 않은데 갑자기 찾아와서 울며불며 도와달라고 하면 그 사람을 도와주고 싶겠는가? 사람 간에도 서로 교제하려면 먼저 상대의 마음을 잘 살펴야 한다. 하나님과 교제하려면 하나님의 뜻과 마음을 살피고 자꾸 만나서 친밀해져야 한다.

기도는 이런 것이다. 일방적으로 내 말만 하는 것은 기도가 아니다. 말씀을 읽고 묵상하는 가운데 하나님의 마음과 뜻에 귀를 기울이는 것이 기도다. 평소에 하나님과 자꾸 만나 친밀한 관계가 되면 부도가 나도, 아내가 집을 나가도 많은 말을 하지 않아도 된다. 구구절절 기도할 필요가 없다. 평소에 하던 대로 기도하면 된다. 날마다 만나 절친하게 지낸 하나님인데 무슨 설명을 더할 필요가 있겠는가? "해 주세요" 하면 "알았어"가 되는 것이다. 하나님과 이렇게 친밀한 관계를 맺어 100프로 응답받는 기도를 맛보지 않겠는가. 주님 안에서 내 죄를 보는 기도를 할 때 하나님께서는 우리의 기도에 신실하게 응답하실 것이다.

하나님 아버지, 가나안 여인처럼 개 취급을 받고도 "옳습니다. 저는 개입니다" 하고 고백할 수 있는 큰 믿음을 허락해 주옵소서. 이혼해서, 과부라서, 부도가 나서 지질하고 개 같은 인생이라는 비난을 받아도 "옳습니다" 하고 받아들일 수 있는 큰 믿음, 상 밑에 떨어진 부스러기라도 감사함으로 받는 큰 믿음을 허락하옵소서. 내 비천함을 알고 주님 앞으로 나아가는 인생이 되게 하옵소서.

무엇보다 가장 먼저 하나님을 알고, 하나님과 긴밀한 관계를 맺기 원합니다. 날마다 일방적인 내 기도만 하는 것이 아니라, 날마다 하나님의 말씀에 귀를 기울일 수 있도록 붙잡아 주옵소서. 말씀이 임하여 찔림이 있어도, 곪아 있던 고름이 터지면서 치유되는 시원함을 느끼며 살기를 원합니다. 말씀이 임함으로 회개의 역사가 일어나기를 원합니다.

하나님 아버지, 이제 다시는 허공을 향해 부르짖으며 떼 부리지 않기를 원합니다. 내 안에 온갖 더러운 것들이 씻어지기를 원합니다. 제 스스로 둘러엎지 못한 것이 있다면 주님께서 둘러엎어 주시기를 원합니다. 제아무리 기가 막힌 일을 당해도 저를 대신하여 주님이 둘러엎으셨음을 인정하고 감사하는 인생이 되기를 원합니다.

상황이 바뀌지 않아도 깨달음이 있다면 그것이 진정한 기도 응답임을 감사하게 받아들이는 큰 믿음을 허락하옵소서. '짠!' 하고 문제가 해결되는 것이 응답이 아니라, 사건을 주신 하나님의 의도와 마음을 깨닫는 것이 그 무엇과도 비교할 수 없는 최고의 응답임을 깨달을 수 있도록 믿음의 진보를 허락하옵소서. 믿음의 진보야말로 최고의 기도 응답임을 맛보며 살아가는 인생이 되도록 축복하여 주옵소서. 예수님의 이름으로 기도합니다. 아멘.

Q 기도해서 응답받은 것이 있습니까? 응답받지 못해 하나님을 원망한 적이 있습니까? 하나님의 침묵을 경험한 적이 있습니까? 그 침묵조차도 기도 응답임을 인정합니까? 내가 불쌍한 존재라는 것이 인정됩니까? 상 밑에 떨어진 부스러기라도 간절히 구하는 마음으로 기도한 적이 있습니까? 그 부스러기를 감사함으로 받을 수 있습니까?

Q 하나님 앞에서 내 주제를 알고 비천한 마음으로 기도하고 있습니까? 나를 속인 사람, 용서할 수 없는 사람, 힘들게 하는 사람을 위해 기도하고 있습니까? 그렇게 기도함으로 응답받은 나의 간증이 있습니까?

Q 나의 유익을 위해 하나님으로부터 등을 돌린 적이 있습니까? 지금 짊어지고 있는 십자가, 둘러메고 있는 멍에가 있다면 그것은 무엇입니까? 기가 막힌 일을 당한 적이 있습니까? 내가 먼저 둘러엎지 못하므로 하나님께서 둘러엎으신 사건이라는 것이 인정됩니까? 터무니없는 일을 겪어도 그것이 곧 내 삶의 결론임을 깨닫고 기도합니까?

Q 성경 속에서 내가 보입니까? 말씀으로 내 인생이 해석됩니까? 기도 훈련을 받고 있습니까? 하루에 기도를 얼마나 하고 있습니까? 내 기도 생활의 문제점은 무엇입니까? 내 기도는 100프로 응답받고 있습니까? 내가 날마다 구하는 것은 기복입니까, 팔복입니까? 내 기도는 이타적입니까, 이기적입니까?